瑰宝撷英——佛山历史文化研究丛书

佛山市博物馆藏陶瓷

佛山市文化广电新闻出版局
佛山市博物馆 编

文物出版社

总　序

　　《瑰宝撷英——佛山历史文化研究丛书》主要收选有关佛山文化遗产保护和文博事业发展的专题论著，是研究和展示佛山地方历史文化的学术专集，其内容丰富、类型多样，涵盖古建筑及历史街区、馆藏文物、民间民俗、地方历史与文化的研究，以及知名艺术家的作品集成等，形成蔚为大观的系列书籍。

　　广东自古属百越之地，文明的足迹源远流长。其与中原汉族移民的相互融合、发展，形成了岭南潮汕、客家、广府三大民系。因其独特的地理位置和对外开放的历史，使百越文化、中原文化与西方文化得以充分交融，成就了兼容并蓄、别具一格的岭南文化。佛山，位于珠江三角洲腹地，属广府民系，曾为"岭南第一大都会"，名列全国四大古镇之一，其商贸繁荣，文明发育，具有深厚的历史文化。佛山，既古典又现代，尤其在改革开放之后，领时代潮流，创优争先，经济腾飞，国民收入总产值在全国位于地级市前列，被联合国评为"最适宜人类居住的城市"，成为广纳人才、吸引外来务工者的和谐家园，具有"海纳百川"的包容精神，堪称是广府文化的代表。

　　实践证明，文化胜出，是城市最大的竞争力之一。而历史和祖先赋予我们的古文化资源，是不可再生和复制的，这也是城市特色的基础所在。利用好这些资源，将会事半功倍地促进城市现代文明建设。佛山保留至今的众多新石器时代遗址、历史街区、名镇名村，以及数量庞大的名胜、古建、碑记、手工业实物、传世艺术品、书画等文物，无不显示了佛山厚重的文化底蕴。雨果曾经说过一句话："人类没有任何一种思想不被建筑艺术写进去"。以全国重点文物保护单位佛山祖庙和东华里古建筑群为代表的古建艺术和特色民居，承载了地方习俗、民风、民情等经济、文化内涵，体现了岭南文化的典型特征。国家级非物质文化遗产项目石湾陶塑技艺，集古朴与典雅、艺术与生活于一体，在明清时期，已是佛山三大支柱产业之一，素有"石湾瓦，甲天下"之称誉，成为南国奇葩。市博物馆等公共博物馆馆藏的书画、玉器、陶瓷、金石杂项等精品，均以精湛的艺术手法、深厚的历史底蕴，放射着祖先智慧的光芒，这种光芒也将持续地照耀着我们走向更加美好的未来。这些种类繁多的书籍、图录，我们将逐年陆续编辑出版。

浩浩汤汤的历史之河流淌了几千年，一大批具有探索精神的学者溯流而上，追寻历史源头、文明曙光与文化脉络，在充分吸收前人研究成果的基础上，进行有效的调研、工作实践及学术探索，形成了富有新意、具有时代精神的学术成果。不仅求得以物证史、以穿越时空的还原、再现，还包含着强烈的开拓意义。作为文化工作者，责无旁贷地肩负着传承与弘扬优秀文化的责任、肩负着文化为大众服务的使命，因此我们成立了丛书编辑委员会，策划和编辑这套丛书，对佛山深厚的文化资源进行多方位、多层面、多视角的研究，并将收集和研究成果奉献于社会，这是传播文化、普及文化的重要手段，也是文化建设的重要环节。丛书力求以开阔的历史视野和创新的现实视角，对优秀本土文化进行挖掘、探究，对地方历史文化进行整理、研究，对未来文博事业进行规划、展望，契合知识性、系统性、学术性和可读性，以体现较高的历史价值和学术价值。

丛书的作者、编者、出版者和领导者在平等、宽松、和谐、严谨的学术氛围中，本着历史使命感和社会责任感对待每一本专著的撰写与出版工作，付出了大量的辛勤劳动和心血。我们欢迎更多的专家学者加入我们的队伍，不断充实与扩展这项工作的成果，为提升城市文化品位、促进地方文化研究贡献自己的力量。

《瑰宝撷英——佛山历史文化研究丛书》编辑委员会

2012年10月

目　录

序

在遥远的新石器时代，陶器就见证了人类的勤劳与智慧，随着商代原始瓷的出现、东汉瓷器的烧制成功，六朝青瓷，隋代白瓷，唐三彩，宋汝瓷、钧瓷，元青花、釉里红，明颜色釉、斗彩、五彩，清粉彩、珐琅彩等等陶瓷器的愈来愈精彩纷呈，陶瓷陪伴着中华民族一路走来，完整地见证了人们从蒙昧走向文明，从蛮荒走向繁荣的漫长历程。数千年以来，从古朴稚拙到精致繁复，从简洁素静到五彩缤纷，从日常实用到艺术鉴赏，人们烧制着陶瓷，同时陶与瓷也时刻滋润着人们的心灵，陶冶着人们的情操，滋养着人们的情感。陶瓷文化渗入到了民族文化的血液中，须臾不能分离。所以，当博物馆荣幸地承担起收藏、保存陶瓷的责任时，弘扬民族文化的职责必然同时落在肩头。此册《佛山市博物馆藏陶瓷》正是源于这样的目的和责任，展现在公众的面前。希望众多读者通过欣赏这些灿若星辰、承载史实的珍宝，了解文明的历程，吮吸艺术的芬芳。

佛山市博物馆成立于1959年，是一家地市级综合性博物馆，经过几代博物馆人的努力，收藏了一定数量的反映各个历史时期的各类文物。陶瓷类藏品有两千余件（套），其中瓷器有一千四百余件（套），陶器有八百余件（套）。年代最早的可追溯到新石器时代的彩陶，年代最晚的为现当代石湾窑艺术陶塑的精品。品种丰富，几乎涵及我国古代主要窑口的产品，如越窑、长沙窑、钧窑、龙泉窑、磁州窑、吉州窑、建窑、德化窑、景德镇窑、石湾窑、潮州窑等等。由省文管会调拨的一批长沙窑、青白瓷、龙泉窑的产品，器形多样，彩绘、贴塑、刻划、模印纹饰富丽精美，釉色典雅润洁，具有较高的收藏、研究价值。其中龙泉窑藏品数量多，质量较好，年代跨宋、元、明、清，形成系列，这为研究龙泉窑的脉络发展提供了有力的实物依据。故宫博物院调拨的一批故宫旧藏瓷器，年代主要为明清两朝，窑口涉及景德镇窑、德化窑、石湾窑等。当中的六十余件官窑瓷器，涵盖清朝各代，有碗、瓶、罐、瓶、尊、塑像等，装饰方法主要为青花、粉彩、斗彩及颜色釉。这批官窑瓷器，胎质洁白细腻，制作精良考究，绘画规整细致，釉色华美润泽，具有较高的艺术和经济价值，是举办馆藏精品陈列的极佳展品。

佛山是我国著名古陶窑——石湾窑的所在地，因此，石湾艺术陶塑一直是佛山市博物馆收藏的重要方向，并形成了馆藏特色和优势。所藏石湾窑藏品，年代从明、清、民国到现当代；品种有人物塑像、动物造型、艺术器皿、微塑盆景、建筑装饰陶塑等；釉色方面不仅有艳丽多姿的各色颜色釉，变化莫测的仿钧窑变釉，还有善仿擅创的各种花釉；风格独具，特色鲜明，可以较全面地反映出石湾窑的发展脉络，是举办专题展览、开展乡土教育及进行学术课题研究等活动的重要实物。此外，佛山历年考古挖掘出土的几批陶瓷标本，如河宕遗址、澜石汉墓、大雾岗唐宋窑址及北宋奇石窑等，是彰显地方历史文化的珍贵史料。尤其是北宋奇石窑出土的带纪年款和店号戳印款的标本，是研究石湾窑烧制年代、烧制风格、外销海外的重要依据，具有极高的史料价值。

本书从两千余件陶瓷藏品中精选出120件（套）各个历史时期具有一定代表性的陶、瓷器，以时代为序，按类别和窑口编排成册。全书分为两大部分，第一部分为藏品图录，并对文物进行相关信息介绍；第二部分为省内外专家学者和馆内专业技术人员的相关研究论文，以期帮助读者更进一步认识和了解中国古陶瓷文化和佛山市博物馆馆藏陶瓷的情况。本书图文并茂，资料翔实，相信能给予读者一次愉悦的阅读经历。本书的出版是基层博物馆在弘扬民族文化道路上迈出的坚实步伐，期望佛山市博物馆在文博事业上不断踏上新台阶。

耿宝昌

2012.10.30

浴火凤凰 美在千秋

——佛山市博物馆藏陶瓷综述

黄晓蕙 佛山市博物馆

　　陶瓷是土、水、火的艺术，是人类文明发展的重要标志。远在一万多年前的新石器时代早期，中国就发明了制陶术，成为了世界上最早制作和使用陶器的国家之一。商代中期，我们已能烧造原始瓷器；到了东汉时期，真正的瓷器烧成了，中国人为世界开启了一扇全新的文明之门。在漫长的历史岁月中，我们的祖先经过不断的探索和创新，造就了灿烂辉煌的陶瓷文化。在中国，陶瓷器已不仅仅是实用或把玩的器具，它记载了中华民族成长的历程，记录了各个时代广阔的社会生活面貌，承载了久远的民族情感、独特的审美情趣和美好的人生理想，是古老中华文化最绚丽多姿的部分。

　　佛山地处珠江三角洲腹地，历史悠久，文化底蕴深厚，是国家级历史文化名城。佛山是千年古镇，至明清时，因工商业发达，商品经济繁荣而享誉全国，与湖北汉口、江西景德、河南朱仙并称全国四大名镇，列为全国商品集散中心"四大聚"之一。佛山又是千年陶都，是著名古窑"石湾窑"所在地，陶瓷文化独具特色而源远流长。

　　佛山市博物馆作为本地区最大的综合性博物馆，收藏了反映佛山历史发展过程中具有不同文化特征的文物，陶瓷是其中重要一项，占馆藏文物总数的三分之一。我馆现有陶瓷藏品、标本资料两千多件套，其中瓷器近一千五百件（套），陶器有八百余件套。瓷器中以清代、民国时期居多，其中以一批清代官窑瓷器最为华美；也有一定数量的唐、宋、元、明时期的越窑、长沙窑、钧窑、龙泉窑、建窑、磁州窑、吉州窑、德化窑、景德镇窑等窑口的产品。这些瓷器釉彩丰富，不仅有各种单色釉瓷器，还有青花、粉彩、斗彩、广彩等彩绘作品；纹饰精美多样，独具魅力。馆藏陶器以石湾窑清代、民国时期及部分近现代的艺术陶塑为主，还有一些新石器时代彩陶、汉代陶俑、唐三彩、宜兴紫砂等藏品。我馆石湾窑藏品数量多且质量较好，从而成为馆藏陶瓷中具有地域特色的收藏强项。这些石湾窑藏品题材广泛丰富，有庄严神圣、逼真传神的寿星、观音、达摩、弥勒、罗汉等仙佛神造像；有生动自然、生活气息浓厚的仕女、老人、渔樵耕读等人物塑像；有灵动活泼、栩栩如生的狮、熊、猫、鹿、鸭等动物造型；有仿古代青铜器造型和纹饰，讲究造型和釉彩，既有艺术性又有实用性的各类器皿；还有精巧玲珑、纤毫毕现的盆景微塑。釉色方面，不仅有斑驳雅拙、内涵深邃的仿钧釉，有变幻莫测、错致辉映的窑变釉；还有绚丽多姿、举不胜举的各种颜色釉。它们都充分传达了石湾窑艺术陶塑题材广泛丰富，造型浑厚古拙，釉色绚丽多彩，技法多种多样的独特风格，具有一定的代表性。本文将以中国古陶瓷的发展为主序，结合本馆有特色的陶瓷藏品，对佛山市博物馆馆藏陶瓷的情况做一介绍。

一、古朴自然的新石器时代陶器

约一万年前，随着原始农业的出现和人类定居生活的需要，原始先民利用水、火把黏土烧结成坚固的陶器，并将之用于日常生产和生活。陶器的发明，标志着原始人类社会文明的发展进入到新纪元。从考古发现的材料看，我国新石器时代的陶器主要分布区域有黄河流域、长江流域、东南沿海及北方地区等。佛山市博物馆藏新石器陶器主要有黄河流域马家窑文化彩陶及佛山河宕贝丘遗址出土的一批复原陶器及陶器残片。

彩陶是一种用含铁和锰的天然矿物颜料在陶坯上绘黑、红、白、褐等色装饰纹样的陶器，纹饰主要有人物、动物、植物、日月星辰、几何等图案，画风拙朴自然，意蕴深幽，渗透着原始宗教的理念思维，给人以神秘之感。我馆藏有彩陶40件，器形有豆、盆、双耳壶、双耳罐、单耳罐、钵、碗等；纹饰有圈纹、网纹、水波纹、菱形纹、回纹、涡纹、几何纹、蛙纹等；彩料有黑、红、褐等色。从器形和纹饰风格看，多属黄河流域马家窑文化类型，造型古朴，纹饰精美，色泽明丽。其中有两件马家窑文化蛙纹彩陶壶（图版2），体形硕大丰满，纹饰图案线条流畅，富于变化，地域特色鲜明，反映了马家窑文化高超的彩陶艺术水平，具有较高历史价值和艺术价值。

佛山河宕贝丘遗址位于石湾澜石镇河南村，是珠江三角洲地区新石器时代晚期的一处重要发现，1977～1978年由广东省博物馆与佛山市博物馆联合对其进行发掘。该遗址揭露面积776平方米，发现有明确的文化层和丰富的人类活动居住遗迹，清理墓葬77座和各类遗迹及大批文化遗物，出土一批有纹饰和光素的红陶、白陶、黑皮陶器和大量印纹陶片，陶纺轮及一批石器、骨牙器、陆生水生动物骸骨。陶器残片主要有泥质陶和夹砂陶两大类，泥质陶有印纹软陶、印纹硬陶、素面磨光陶、白陶、彩陶和灰陶等多种，夹砂陶有夹粗砂和夹细砂，多呈黑色、灰黑色和红褐色。可复原的陶器有二十多件。从器形看，有鬲、釜、罐、壶、盘、豆等；纹饰有绳纹、曲折纹、大小方格纹、叶脉纹、圆圈纹、编织纹、网格纹等；从造型和制作方法看，多为圈足器和圜底器，壶罐类多折肩；从质地看，磨光红陶、橙黄陶较多，还有少量彩陶、白陶、灰陶和黑皮陶。所发现的两个夹砂绳纹陶鬲袋足，可以说明当时广东与我国东部沿海地区已经有相当密切的文化交往[一]。佛山市博物馆所藏的这批标本资料，经佛山陶瓷研究所鉴定，这些陶器的制陶工艺已经采用了拉坯成型的轮制技术，是全省新石器晚期遗址中经明确测试鉴别的一处，在珠江三角洲乃至广东新石器末期具有代表性。因而有学者认为佛山地区的制陶业或陶瓷发展史，应当从河宕贝丘遗址开始[二]。

二、写实求真的汉代陶物

　　战国秦汉陶器可分为日用陶器和墓内随葬明器两大类。汉代流行厚葬，民间盛行制作各种明器用于陪葬，现在我们所能见到的汉代陶瓷，基本上是当时的随葬品。汉代明器除少量的石、金属、漆木制品外，大量使用陶制作成壶、尊、盆、罐等日常所用的器皿，并模拟生活场景加以缩微，如陶制的楼阁、仓房、灶台、碓房、井台、磨、兽圈、车马、农田、陂塘、兵器等模型，以及各种奴仆、各类动物等等。我馆藏有汉代陶器九十余件，主要来源为省文管会调拨及周边地区零散出土，并收藏有一批20世纪六七十年代佛山澜石东汉墓葬出土的各类器皿和陶俑；九十余件陶器的器形有壶、罐、豆、碗、盘、杯、鼎、瓿、炉、谷仓、陶屋等；工艺手法有素胎、彩绘、低温铅釉、绿釉、青釉等；纹饰较少，除个别有堆塑图案、刻划纹外，多为光素无纹饰。20世纪六七十年代，省考古部门及我馆对佛山澜石汉墓群进行了多次发掘，前后共清理战国晚期至东汉墓葬一百多座（以东汉墓为多），出土随葬品以陶器为主，藏于佛山市博物馆。有壶、罐、瓶、簋、鼎、釜、盘、豆、盒、盂、案、杯等多种器皿98件；有素胎、施青釉或青黄釉；纹饰有刻划、拍印等形式的弦纹、带戳印方格纹、水波纹、蓖纹等多种；有井、灶、仓、船、屋等模型，牛、羊、猪、狗、鸡、鸭、鹅以及男女陶俑等27件。这些汉代文物，大多数种类和形制特点与广州地区出土的颇为接近[三]，其中不乏具有特色者。如墓中出土的一件水田模型（图1），其旁附一小船，田埂将长方形水田分成井字形，以捏塑的手法，将农夫犁田、堆肥和夏收夏种的繁忙景象极其生动地表现出来，充分说明东汉时期珠江三角洲农田水利建设，以及实行双季稻、牛耕铁犁先进耕作技术已经广泛推广的史实[四]，有较高的历史价值。水田模型出土后，一直受到全国的考古界、史学界、尤其是农史研究界的重视，在国内

图1　汉水田附船模型

有着重大的意义，被确认为国家一级文物（现藏广东省博物馆）。陶屋的形式多种多样，包括多款干栏式建筑；陶俑中有神态逼真生动的舞乐俑（图2）、跪地俑（图3），在省内亦是少见的。这些本地出土的实物资料，为研究佛山汉代社会的政治、经济、文化、艺术以至葬俗等的一系列问题，提供了重要的实物依据。

三、端庄华美的隋唐陶瓷

东汉瓷器烧制成功，经历三国、两晋、南北朝三百六十余年，陶瓷生产发展迅速。隋代陶瓷生产承前启后，除继续烧造青瓷外，隋代白瓷更加成熟，出现的鸡首壶、盘口瓶、高足盘、双连瓶等，胎质洁白细腻，釉质匀净光润，具有鲜明的时代特征。我馆藏有隋瓷六件，有青釉四系盘口壶、蒜头瓶，青黄釉双系罐、碗，白釉龙柄鸡首壶（图版9）等。器形规整，釉施半截，少有纹饰，是隋代瓷器较典型器物。唐代瓷器生产，南方以青瓷为主，北方则以白瓷为主，形成"南青北白"的地域特征。代表当时最高制瓷工艺水平的是南方烧造青瓷的越窑和北方烧造白瓷的邢窑。我馆藏唐瓷数量不多，仅有青釉壶两件、越窑青瓷碗一件及邢窑白瓷碗两件。唐三彩是唐代多色釉陶的简称，堪称唐代陶瓷中的经典品种，为当时主要随葬明器。我馆藏有三彩三足瓿（图版10）、杯、马各一件，其釉面有多色釉料相互浸润交融，呈现斑驳陆离、富丽堂皇之美感。唐代釉下彩绘瓷器以湖南长沙窑最为著名，规模最大，产量最多，产品行销海内外。佛山市博物馆藏长沙窑产品共有38件，主要为执壶、油盒及小兽件，年代为唐、五代。其中壶有25件，品种较多，有瓜棱形、双耳壶、直身形等，有贴塑纹饰，釉下褐彩、褐绿彩、酱彩等，纹饰有贴塑菩提叶纹、双鱼纹、贴花纹、褐绿彩莲花纹、褐彩斑纹、花卉纹等等；盒有五件；各类动物形小哨六件；另有罐两件。这些长沙窑藏品修胎工整细腻，色调明朗和谐，纹饰绘画技法成熟、笔法流利，兽形小哨生动自然、异趣横生，具有较高的收藏研究价值。

四、宁静雅致与粗犷大气的宋元瓷器

宋代陶瓷业蓬勃发展，窑口林立，呈现出陶瓷史上前所未有的兴盛局面。这时期在南北各地相继形成了以某一窑口为代表，工艺技法、装饰风格相类似的瓷窑体系，如北方的定窑系、耀州窑系、磁州窑系、钧窑系等；南方的越窑系、龙泉窑系、建窑系、景德镇窑系等，并延续后世。此外，为了满足皇室的需要，朝廷在各地设置专烧宫廷用瓷的"官窑"，涌现出备受世人推崇的"官、哥、汝、定、钧"五大名窑。民窑和官窑产品推陈出新，百花竞放，共同谱写了宋代陶瓷繁荣昌盛新篇章。元代景德镇得天时、地利、人和之势，青花、釉里红、卵白釉、蓝釉、红釉瓷等新品种层出不穷，成为全国最重要的瓷器产地。钧窑、磁州窑、龙泉窑等继续生产传统陶瓷品种，产

品行销国内外。佛山市博物馆收藏这一时期各窑口的产品，多为民窑产品，数量不多，质量稍逊；此外还藏有北宋时期属于佛山本土陶窑石湾窑区的奇石窑的一批出土标本。

钧窑，遗址位于河南省禹州市，起源于唐，盛烧于宋金，元后逐渐衰落。宋代钧窑原为民间烧制碗、盘等日用生活器皿，后来所创铜红窑变艺术，不仅受到民间的青睐，更受宫廷的偏爱，把钧窑垄断为官窑，改烧各式花盆、尊、瓶、炉之类的艺术陈设品，并以浑厚华美的窑变釉闻名天下。至明清两代，江南地区仿钧之风兴起，佛山石湾窑是其中的佼佼者。我馆藏宋钧碗一件、小瓶一件，元钧碗五件。宋钧碗胎体厚薄适中，修胎规整、精细；碗外壁呈菊瓣状，小矮圈足；施满釉，釉呈月白色，浑厚呈失透状。五件元钧碗，造型基本一致，胎体厚重，修胎较粗；碗内外施釉，外壁施釉仅到腹部，釉呈天青、天蓝、月白色，釉层较薄，玻璃质感强。由此可见，到了元代，钧窑产品质量不如前朝。

龙泉窑，遗址位于浙江省龙泉县，创烧于北宋初期，南宋进入鼎盛时代，至明代中叶后渐趋衰落，清代停烧。它继承越窑、瓯窑和婺州窑烧造青瓷的传统，集各窑之所长，烧造的青瓷风格独具，成就极高。我馆藏龙泉窑青瓷57件，其中南宋两件，元代九件，明44件，清代两件。器形有盘、碗、碟、瓶、盒、炉、杯、尊、镂空器座、佛像等，以盘、碗、炉为多；纹饰装饰以刻划花为主，还有少量印花、贴花。从造型、修胎工艺、釉色看，宋代器物胎体相对较薄，修胎精细，施满釉，仅圈足底无釉，釉色青灰柔和，釉层凝厚滋润。元器物胎体厚重、造型高大，普遍饰有花纹；盘、碗外底足中间刮去一圈釉，露胎泛红，中心有釉，有的底足内全无釉，中心有乳丁状凸起；釉色青中泛黄。明代制作工艺与元代基本相同，但趋于粗糙；胎较粗，釉色青灰，釉薄而透明，光泽较强；盘、碗器底一般不施釉，也有如元代底足中间刮去一圈釉的。清代龙泉青瓷胎骨厚重，胎色灰白，釉色绿中泛黄或泛灰，釉层薄而不匀，浮光较强。这些藏品时代风格明显，为研究龙泉窑各个时代的风格特征提供了实物证据。

景德镇窑青白瓷，青白瓷是指北宋时期以景德镇为代表烧制的一种具有独特风格的瓷器，由于釉色介于青白之间，青中带白、白中闪青，胎体极薄，器上所刻划的花纹迎光照

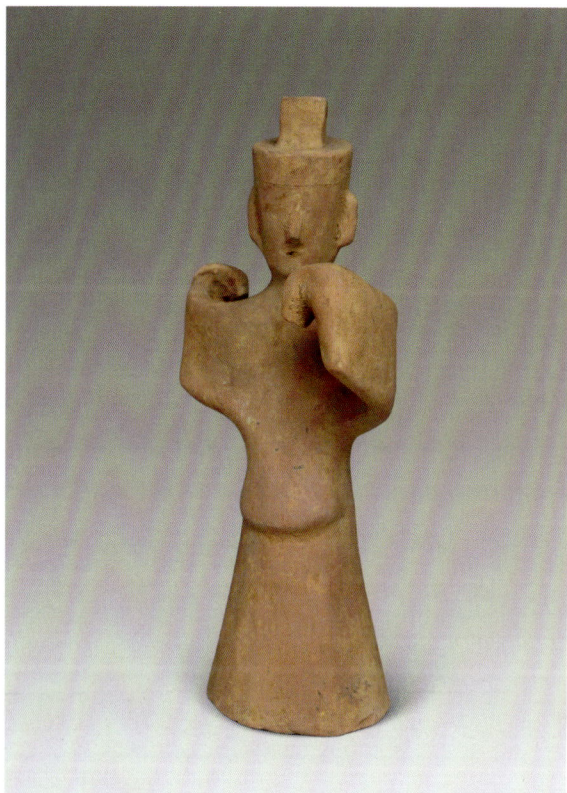

图2 汉舞乐俑

图3 汉跪地俑

内外都可映见，因此又被称为"影青瓷"。由宋迄元，青白瓷盛烧不衰，所形成的青白瓷系窑场分布在南方几省，主要有江西、湖北、广东、福建等。我馆藏青白瓷较为丰富，原有106件，2011年省文物局又调拨20件，共有126件，其中宋代有105件，元代有12件，后朝仿制的有九件。器形有碗、盘、罐、瓶、执壶、油灯、盏托、魂瓶等；装饰的方法主要是刻花、印花及少量的堆塑。刻花多在碗、盘的内壁，花纹吃刀深浅不同，施釉后，吃刀深处积釉成青绿色，浅处泛白，层次感很强，刻、印花图案内容主要是荷花、牡丹等花卉。堆塑主要用在魂瓶上，馆藏有七件，采用按、捺、堆、贴的手法，在修长高挑的器物上，塑出亭台楼阁、龙、凤、人物等，再配上塑飞鸟的瓶盖，使魂瓶显得更为华丽庄重。馆藏青白瓷的釉色一是白中闪淡青色，厚处闪深绿色，莹润精细，晶亮透彻；二是淡青闪黄，这种釉色较为大量；另外，还有几件釉中加绘褐色，被称之为"点彩"的。馆藏青白瓷器数量较多，品种多样，造型、釉色都具典型性，充分体现了宋元时期青白瓷的工艺水平，这对博物馆进行专题研究、举办专项展览、开展相关的宣传交流活动提供了丰富的实物资料。

黑釉瓷器，宋代随着斗茶风俗的盛行，黑釉茶盏风靡一时，南北方窑口均盛行烧制黑釉瓷器，其中以福建的建窑、江西吉州窑的黑釉茶盏最为著名。我馆藏有宋代建窑黑釉茶盏三件，吉州窑黑釉茶盏14件。建窑盏胎体厚重坚致，胎色紫黑；造型口大足小，形如漏斗；底足为浅圈足，可见旋坯纹；釉色黑而润泽，器内外施釉，底部露胎；釉汁垂流厚挂，形成自然流淌的各种斑纹，又被称为兔毫盏，有的凝聚成滴珠状，多姿多彩，变化万千。吉州窑盏形制与建窑基本一致，又称之为"天目瓷"。胎体厚重，釉色漆黑光亮，纹样装饰有剪纸贴花、洒釉、木叶贴花和素天目等，其中剪纸贴花和木叶贴花装饰风格独具。

佛山石湾窑是中国陶瓷史上著名的民窑，但创烧时间一直众说纷纭。1957年省文管会、佛山文化局调查组在石湾大帽岗下发现唐宋窑址，1962年省博物馆对大帽岗古窑址又作一次调查和试掘，出土有碗、盘、盏、壶、罐、盒、埕、沙盆、兽头陶塑和堆贴水波纹坛等器物，胎质灰白，釉色有青、青黄、黑、酱黑、酱黄等，这些遗物和石湾、澜石一带唐墓中出土的同类器物相同[五]。1976年，中山大学历史系、佛山市博物馆、石湾镇政府一同组成工作组对石湾镇古窑址进行调查，再次对大帽岗唐宋古窑址作探掘，出土的陶瓷有碗、盘、罐、盆、器盖等，釉色主要是淡青釉和酱褐色釉两种。此外工作组对石湾西北面的小塘奇石唐宋窑址进行试掘，发现共有二十多座北宋时期的长形斜坡式龙窑，堆积层很厚，最厚处达7～8米，规模很大。从断层剖面观察，其中三座龙窑下压叠着11座已受毁坏、平面近似半椭圆形的唐代小型馒头窑，窑内出土的陶瓷器形与釉色及装烧方法和大帽岗唐代古窑址的相同。北宋窑址出土物有碗、盘、罐、坛、炉、魂罈、碾轮等物残片，其装饰有印花、刻花、彩绘三种，釉色单纯，有青黄釉、酱褐釉和淡青釉三种。馆藏的这批标本中，一些青黄釉、酱褐釉四系大罐残片的肩部印有"政和六年"（1116年）（图4）、"嘉祐□""己巳年"、"庚午年"等北宋年号和干支纪年；一个小口圆深腹四系罐，肩部印有"潘□"印章；此外不少标本上也有"大吉"（图5）、"陈□""潘南"等姓氏印章，有各种款式，有的外面还套上图案花纹装饰。这些标志可能是当时窑工、店号、用户的标记，说明石湾窑的生产进一步成熟，已呈专业化发展。经有关专家研究，以及多次考古发掘调查，学界形成石湾窑创烧于唐宋的说法。因此，馆藏的这几批考古标本资料是研究石湾窑创烧时间、产品风格、生产规模、历史发展的有力物证，十分难得。而且北宋奇石窑青黄釉、酱褐釉四系大罐的标本，也为宋代石湾窑产品远销至日本、印尼、菲律宾等国家提供了有力的实物证明[六]。

五、异彩纷呈、巧夺天工的明清陶瓷

明清时期是中国陶瓷发展的顶峰时期，从明代起，景德镇就成为全国的制瓷中心，朝廷在这里设御器厂专门烧造宫廷用瓷，俗称"官窑"，官窑的发展带动了民窑的兴盛，烧造出许多精美的陶瓷新品种，如各类青花、釉上彩、釉下彩及颜色釉的各种造型瓷器，历朝都有名品精品传世。同时期，德化窑白瓷别具一格，江苏宜兴窑和广东石湾窑则烧造仿钧釉陶器，宜兴窑还烧造紫砂陶器，在陶瓷史上均占一席之地。清代景德镇窑仍一枝独秀，由于康、雍、乾三朝皇帝对瓷器有浓厚兴趣，加上历任督陶官对御窑厂的苦心经营，清三朝陶瓷生产达到顶峰。所生产的青花、釉上、釉下彩瓷及各色颜色釉瓷器类型丰富，制作精美，名品迭出，并有多种名贵的创新品种。鸦片战争后，随着清王朝的日趋衰败，景德镇的制瓷业亦逐渐衰退，德化窑、石湾窑和宜兴窑等仍按其自身独特风格发展。佛山市博物馆所藏明清两代陶瓷器较多，占馆藏总量的一半以上，除了有景德镇生产的青花、粉彩、五彩、斗彩、颜色釉瓷外，还有龙泉窑（前文已介绍）、德化窑、宜兴窑、石湾窑作品，以及部分广彩瓷器。

景德镇窑，馆藏明代景德镇产品主要以民窑青花为主，有57件，主要有碗、盘、碟、罐、玉壶春瓶、梅瓶等，多为日常生活用品，少有精品。我馆所藏的清代景德镇产品中，以清中晚期陈设瓷及部分日用瓷为多，也有一部分精品，其中以20世纪70年代故宫博物院调拨的68件清朝历代官窑瓷

图4　北宋佛山奇石窑酱褐釉四系罐残片

图5　北宋佛山奇石窑酱褐釉四系罐残片

器最为精美，华盖全场。这批瓷器有碗、盘、瓶、罐、炉、水丞、笔筒、瓷塑等，有青花、粉彩、斗彩、各色颜色釉、窑变釉等，造型端庄秀雅，胎质洁白细腻，纹饰精细规矩，釉色滋润明丽，制作精良考究，具有较高的艺术价值和经济价值。这批官窑中以青花、粉彩为多，纹饰主要有缠枝莲花、花卉纹、三果纹、松树葡萄纹、云龙纹、暗八宝、八仙图等，青花发色纯正，粉彩设色明丽雅致，给人以赏心悦目之感。斗彩有五件，雍正时期一件，道光时期四件，均为碗，纹饰有荷塘鸳鸯、团花、折枝花、福寿纹。斗彩是釉下彩和釉上彩相结合的产物，创烧于明宣德，成化时备受推崇，之后断烧，清代恢复生产。由于烧制难度大，传世不多，是清代瓷器中名贵品种之一。颜色釉瓷器有红、黄、蓝、白、酱、青、冬青、仿哥等色釉，其中以康熙黄釉大碗、茄皮紫盘、豇豆红水丞最为珍贵。官窑黄釉瓷器多为低温黄釉，即在烧成的瓷坯上施浇黄釉，两次入窑烧成。官窑低温黄釉最早出现在明永乐年间，明成化、弘治年间黄釉达到历史上的最高水平。清代康熙黄釉釉质细而晶莹，似鸡油，故又称"鸡油黄"。馆藏康熙款黄釉大碗（图版39），器形硕大，黄釉匀净娇嫩，莹润淡雅，十分难得。茄皮紫釉是以锰为着色剂的低温釉，创烧于明弘治年间，以清康熙朝制品为最好。馆藏茄皮紫釉暗龙纹盘（图版38），盘内暗刻云龙戏珠纹，釉质肥厚光润，乌亮泛紫，紫中闪蓝，十分名贵。豇豆红釉是一种呈色多变的高温颜色釉，是清康熙铜红釉中的名贵品种。馆藏康熙豇豆红暗团龙纹水丞（图版37），器身暗刻团龙纹，釉质细腻匀净，釉色鲜艳，釉薄处露绿苔点，由于烧成难度大，十分珍贵。此外，馆藏的一件乾隆款窑变红釉石榴尊（图版43）也非常难得，此件器物造型端庄秀美，窑变釉色红里透紫，紫中藏青，瑰丽多姿，光洁晶亮，体现了乾隆时期高超的制瓷工艺水平，弥足珍贵。

德化窑位于福建德化地区，创烧于南宋，盛烧于明清两代，以烧白瓷而著称，产品远销国外。德化白瓷胎质洁白细腻，釉质乳白如脂，胎釉浑然一体，光润如玉，被称为"象牙白"、"中国白"等，为当时中国白瓷的代表。其造型多为炉、觚、鼎、尊等仿古式样，尤以瓷塑像最为著名。馆藏德化窑白瓷31件，多为明清制品，有碗、杯、炉、瓶、觚、器座、印章、佛塑像等。明代的有17件，以树头梅枝杯、铺首圈足炉等为多，胎质致密，透光度好，色泽光润明亮，迎光透视下，釉中隐现粉红或乳白色。清代瓷塑人物五件，有观音、罗汉、达摩等，所塑人物面部刻划细腻，神态逼真，性格鲜明，衣纹飘洒自如，造型优美，手法洗练，较好地表现人物的性格特征。

江西宜兴窑，明代以紫砂陶器闻名于世，主要有各式的紫砂壶蜚声世界，涌现不少制紫砂壶名家，并仿烧宋代钧窑器物，因有"宜钧"之称。到了清代更是名家辈出，品种繁多。馆藏宜兴紫砂陶器22件，大都为清代、民国制品，有茶壶、提梁壶、酒壶、茶叶罐、刻花瓶、花盆等，其中以三件"孟臣"款壶，一件"曼生"款壶最为精妙。孟臣姓惠，明末清初荆溪人，著名壶艺家，以擅制小壶驰名于世。馆藏"孟臣"款梨形壶（图版59），胎薄轻巧，壶体光泽莹润，浑朴精妙，刻款书法秀娟，笔势灵动，韵味十足，是清代后期仿制的佳品。曼生，本名陈鸿寿，清代中期人，著名的金石书画家，却以设计紫砂壶最为人称道。清中期他与杨彭年合作制壶，把诗文书画与紫砂壶陶艺结合起来，为紫砂壶创新带来了勃勃生机。馆藏梨形"曼生"款梨形壶（图版60），造型简洁典雅，线条圆润流畅、做工规整，刻工精细，篆刻书法显得雄健朴茂，金石味十足，是民国时期精品之作。另有一件乾隆时期宜兴人葛明祥制作的紫砂胎石湾仿钧釉的贯耳瓶别具特色。

广彩，指广州地区的织金彩瓷，即在白胎瓷器上描绘以金色为主的各色花纹图案，然后用低温焙烧而成。广彩的生产始于清康熙年间，以"绚丽华彩，金碧辉煌"为特色，深受中外贵族阶层的喜爱，被清廷列为贡品。为满足外销需求，广东商人从景德镇运来瓷坯，在广州采用景德镇粉彩技艺仿照西洋彩画的方法加以彩绘，专供出口。后来广彩艺人继承明代彩瓷的艺术特色，吸收西洋画技法，绘上具有岭南地方特色的图案，逐渐形成独特的岭南艺术风格，三百多年来一直是我国主要的外销陶瓷品种之一。佛山市博物馆藏广彩作品15件，有碗、盘、瓶等，清同治广彩开光人物花鸟纹海碗，高16.3厘米，口径40.1厘米，纹饰为开光花鸟及清装人物小景，隙地满绘各式花卉并以金边衬托；画面纹饰繁密，色彩艳丽，为典型的清中后期广彩绘画风格。同治广彩龙舟竞渡图大盘（图版57），盘内绘龙舟竞渡图，画面内容丰富，图景热闹，设色艳丽，较好诠释了清代岭南龙舟竞渡的相关信息。清道光广彩开光人物故事图狮耳大瓶（图版56），高88厘米，瓶颈到腹部有三组开光，绘人物故事图。人物神态逼真，构图布局丰满，色彩浓艳丰富，器形硕大，极为难得。馆藏广彩数量虽少，但多为大件器，图案饱满丰富，具有鲜明的时代特征。

石湾窑为佛山本地陶窑，形成于唐宋，繁盛于明清，至今薪火不熄，是我国著名的民窑。明清后因善仿宋钧窑产品并有所创新发展而名扬天下，被称为"广钧"、"泥钧"，学界也多将其作为"广窑"的代表，在我国陶瓷史上占有重要地位。佛山市博物馆藏有不同历史时期的石湾窑作品八百余件，时代有明、清、民国、现当代，主要以清代、民国的为多，可分为人物塑像、动物造型、艺术器皿、微塑盆景四大类，可以大致地反映出石湾窑发展的整个脉络。

人物塑像：是石湾窑艺术陶塑产量最大、题材最丰富的一类，也最能体现陶艺者艺术创作水平的成就。佛山市博物馆藏石湾人物塑像数量较多，质量较高，较有特色，其中不乏大家之作。如清代有黄古珍款日神、月神塑像（图版73），黄炳款素胎羲之戏鹅立像（图版68），陈渭岩款粉蓝釉东坡爱砚像（图版74）。民国的有潘玉书款老人坐像（图版86）、霍津款青釉倚书仕女像（图版79），温松龄彩釉加金如来佛坐像（图版84），廖作民款红釉东方塑背桃立像（图版81）。近现代的刘传在抗战期间创作的一组罗汉、观音像等等。这些作品经陶艺家高超的造型手法，准确娴熟的施釉技术，令人物神形兼备，性格特征跃然而出，堪称石湾窑人物塑像中的经典作品。此外，馆藏20世纪六七十年代的一批石湾陶塑作品亦十分出色，如收租院群像、样板戏系列、《引水上山》（图版97）、《科学种田》（图版98）、《移山造田》（图版99）、《保卫西沙》（图版100）、《艰苦创业》（图版101）等等，都是当代石湾中国工艺美术大师们早年集体创作的作品。当年刘传、庄稼、刘泽棉、廖洪标、黄松坚、刘炳、苏锡荣、霍胜等，响应党的号召，为社会主义建设服务，歌颂革命英雄和劳动人民。他们有的前往北京、四川等地学习，有的深入到海南及广东各地农村体验生活，反复推敲、数易其稿，精益求精，创作出这一批具有鲜明的时代特征的作品，是"红色题材"中的经典之作。

动物造型：是石湾陶塑仅次于人物塑像的一个重要类别，题材主要是现实生活中的飞禽走兽和神话传说中的祥禽瑞兽，其中以雄鹰、狮子、胎毛鸭、猫、牛最具特色。造型手法上主要有素胎和施釉两种，其中以素胎胎毛技法最有地方风格，所取得的艺术成就最高。馆藏石湾窑动物塑像数量不算多，但质量较好。有胎毛技法创始人黄炳的鹰、熊（图版103）、鸭子（图版105），陈渭岩的狮子（图版104），霍津的水牛（图版106），区乾的猫（图版107）、画眉鸟等，还有一批虽未落款，但质量上乘的狮子、鹿等等，以形写神，神形兼备，寄托了人们的美好情感和吉祥寓意。

图6　清冯秩来绿白釉卷书挂壁

图7　黄古珍山水花鸟画筒

艺术器皿：馆藏现存最早的器皿为明代器物，多仿古代青铜器造型和纹饰，代表作有明月白釉琮式瓶（图版61），明吴南石堂制作的素胎如意云纹双耳方口尊（图版62）等。至清代、民国，石湾艺术器皿的创作迈上新台阶，从釉色到造型的创新，尤其是窑变釉、仿钧釉的广泛使用，使艺术器皿更加缤纷绚丽、浑厚凝重，给人以无限的想象空间和艺术享受，极大地提升了其审美价值。馆藏清冯秩来绿白釉卷书挂壁（图6），黄古珍山水花鸟画筒（图7）等是这一时期的佳作；清末、民国时期一些仿前朝作品及一些无款的器皿，如仿明"粤彩正记"制作的鳝黄釉桥耳三足炉（图版66）、乌金釉桥耳三足炉、米白釉砾石纹海棠式梅瓶、玳瑁釉胆瓶等，以釉色取胜，堪称佳品。

微塑盆景：是石湾陶塑艺术中一朵绚丽的奇葩，通常将亭台楼阁、山石树木、小桥流水、人物花鸟等通过微塑手法浓缩为盆景，在咫尺空间勾画出立体生动的图景。馆藏微塑盆景有九件，其中最为精细的有三件，分别塑造了20世纪60年代佛山的陶城宾馆（图版109）、秀丽湖（图版110）和祖庙（图版111）建筑群及周边景象。这几件盆景虽小，但玲珑剔透、生动逼真，或自成一体，或与盆景植物相衬托，构成了一幅清新雅致的风景，极具岭南生活情趣和文化气息，既有艺术性，又有史料性，也反映出石湾窑的生产呈多元化发展。

六、民国时期及现代陶瓷

馆藏民国时期及现代陶瓷藏品，主要以景德镇窑和石湾窑产品为大宗。景德镇窑的多为民国时期的一些陈设瓷和日常生活用瓷，器形有瓶、罐、尊、瓷板画、香炉、花盆、画筒、壶、碗、盘、杯、雀食、鼻烟壶等等，装饰方法有青花、颜色釉、粉彩等，种类多样，品相普通，从一定程度上反映了民国陶瓷生产日渐式微的状况。当中有一部分清末民国仿康熙、雍正、乾隆时期的藏品较为典型，可作为陈列展览或文物鉴赏的实物标本。所藏石湾窑民国时期各类产品较多，种类丰富，质量较好，当中不乏陶艺大家的经典之作，能大致反映出民国时期石湾陶塑艺术的发展水平。新中国成立之初及20世纪六七十年代的一批"红色题材"作品别具一格，在题材、构思、创作、烧制上都具有鲜明的时代特色，达到石湾陶塑发展的一个高峰；近年征集收藏的工艺美术大师们的作品，对石湾陶塑传统风格既有继承又有创新，较好地诠释了现当代石湾陶艺发展的风格和方向，这些藏品逐渐形成地方窑口产品系列，也成为今后佛山市博物馆陶瓷收藏的亮点和特色。

纵观佛山市博物馆陶瓷藏品，种类丰富、数量较多，在一定程度上反映了佛山乃至我国陶瓷技艺在各个历史时期的成就。当我们欣赏这些千姿百态、工艺精巧的陶瓷藏品时，不仅可以得到艺术的熏陶，还可以从中窥见不同时期人们的社会生活和文化观念的变迁。

［一］ 杨式挺、陈志杰、杨少祥、曹子钧：《佛山市郊发现一处重要古遗址和古墓群》，广东省博物馆编《广东文物考古资料选辑》（第一辑），第 165 页。

［二］ 广东省博物馆、佛山市博物馆编：《佛山河宕遗址——1977 年冬至 1978 年夏发掘报告》，广东人民出版社，2006 年版，第 143 页。

［三］ 徐恒彬执笔：《广东佛山市郊澜石东汉墓发掘报告》，《考古》1964 年第 9 期。

［四］ 同注［三］。

［五］ 陈智亮：《广东佛山古窑址调查》，《考古》1978 年第 3 期，第 195 页。

［六］ 黄晓蕙：《广东佛山石湾窑的形成、发展及繁盛成因探析》，《四川文物》2006 年第 3 期。

图版目录

石湾窑

图 版

历史文物

史前彩陶

1　马家窑文化四圈纹彩陶壶

新石器时代
高43.5、口径15.5、腹径47.5、底径10.5厘米

小口外撇，短颈，丰肩硕腹，下腹部斜收，小平底，腹部两侧双耳用泥条捏制。口内外壁均有纹饰，肩部及上腹部绘四个等分的网格圈纹及多重连续涡纹，涡纹下绘水波纹，下腹部无纹饰。腹身构图饱满，绘画笔道率意粗犷。

2 马家窑文化蛙纹彩陶壶

新石器时代
高43、口径14.5、腹径46、底径12厘米

红褐色陶质，口沿外撇，短颈，丰肩硕腹，下腹部斜收、小平底，腹部两侧对称置双竖耳。口沿绘
锯齿纹，口内外壁均作纹饰，肩部至上腹两侧有两圈网格纹和变形蛙纹，所绘纹饰以两条黑线合镶
一条红线的复合线表现。图案线条流畅，富于变化，与硕大的器形协调一致，地域风格鲜明，反映
了马家窑文化高超的彩陶艺术水平。蛙纹体现了远古人们对于繁衍生殖的渴望。

商－汉陶瓷

4　青黄釉水波纹兽耳三足瓿

西汉
高22.5、口径9.5、腹径31、底径14厘米

小口，丰肩，圆鼓腹，下腹收敛，平底分置三矮足。肩至上腹部刻双弦纹三周，腹部的第二至第三道弦纹之间饰三道水波纹，两侧置兽面高耳。器面口沿至腹第三道弦纹及双耳满施青黄釉，釉面不均有流釉痕，并有数块滴釉斑。下腹部至底、足素胎呈红质陶胎色。器形端庄敦厚，纹饰线条流畅有力。盖缺失。

3　叶脉纹圜凹底大口尊

商
高41、口径33、腹径28、底径11厘米

大敞口，粗长颈，斜宽肩，折腹，圜凹底。口至颈部光素，有轮旋痕，肩部、腹部及底部拍印整齐规则的叶脉纹。造型敦厚古朴，通体素胎无釉。此大口尊为浮滨文化的典型器物，浮滨文化是指分布于粤东、闽南区域内的一处以长颈大口尊、圈足豆、带流壶等釉陶器与直内戈、三角矛、凹刃锛等石器和少数几种青铜工具兵器为基本组合的考古学文化，其中釉陶器说明商代浮滨人已有发达的制陶业，掌握轮制技术，创造了广东境内最早的釉陶。

5　绿釉弦纹铺首耳壶

汉

高36、口径15.7、腹径29、底径18厘米

敞口外撇，长粗颈，圆腹，高圈足。颈部、肩部分别饰三道弦纹，腹部两侧饰铺首耳。全器施绿釉，但大部分已铅化呈银色。

晋－宋青瓷

6　青釉双系盘口壶

晋

高19、口径12、腹径17.3、底径9厘米

盘口，直颈，丰肩，圆鼓腹，平底。肩上分置两系，并有两道弦纹装饰。外部施青釉，釉不到
底，平底涩胎，底部有多处泥条垫烧痕迹。此器完整，端庄大方，是越窑早期的产品。

7 青釉莲花双环烛灯

南朝
高11.6、腹径8.2、底径5.2厘米

灯为"盏中立烛式"结构，碗形烛盘中央立一烛形柱，柱端两侧置对称圆环，柱下部贴塑两朵莲花形烛托。使用时蜡烛插在烛托上，用圆环固定，从而使蜡烛点燃时能够保持稳定。全器施青釉，釉不到足，釉面开细片。

8　青黄釉五盅盘

南朝
高3.5、口径15、底径11厘米

盒为子母口，原有盖，现已缺失。直腹敛收，平底，盒内粘
连有五只小圆杯。全器施青黄釉，釉层薄开细片，外下腹及
底部不施釉，底部有明显的旋纹。

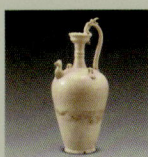

隋-元瓷器

9 白釉龙柄鸡首壶

隋

高36、口径6、腹径16、底径8.5厘米

盘口，细长颈，颈部中间凸出两周弦纹，丰肩，长鼓腹渐收，近足处刻一道弦纹，足外撇，平底。肩部两侧对称贴桥形系一对，前端饰鸡首形壶嘴，壶嘴密口，作装饰用。从盘口引龙首圆柄至肩部，龙嘴张开衔盘口。壶上半截施白釉，釉色泛黄，玻璃质感强，有细片纹，釉层均匀，润泽光亮。

10　三彩三足瓿

唐
高15.3、口径14.2、腹径23厘米

唇口外撇，短颈、扁圆腹，腹部中间凸起一道旋纹，圜底，底部分置三兽形足。罐里外涂化妆土，肩部至上腹部施绿、白、褐三色釉，口、下腹部、足素胎。上腹部纹饰分两层，上层褐、绿两色交替"人"字纹，下层为三彩星点纹，是釉在熔融过程中互相浸润，形成星光点点、灿烂夺目的色彩。器物造型敦厚稳重，因是低温釉陶器，釉面有剥脱。

11 长沙窑褐彩贴葡萄叶纹执壶

唐
高18.3、口径9、腹径15、底径12厘米

侈口，直短颈，筒形腹，下腹与底足间有一道凹弦纹，平底。肩部饰条状双耳及把，六角形短流。通体施青釉，色泛微黄；流及双耳下均贴葡萄叶形纹饰，并施以褐色斑彩。其造型古拙大方，美观实用，贴塑葡萄叶纹线条简练，彩釉交融，流畅自然，具有浓厚的民间生活气息。

12 长沙窑褐彩莲花纹瓜棱壶

唐
高 19、口径9.5、腹径14、底径10厘米

侈口，直短颈，筒形腹，下腹与底足间有一道凹弦纹，平底。器身作四棱瓜状，颈至肩部置并条形执耳，肩部短流为八棱形，胫底足间修胎规整，形成一道凹弦纹。器身施灰青釉不到底，釉面有小开片，流下方腹部绘有莲花纹饰。莲花图案为两片荷叶衬托起一朵含苞花蕾，用绿釉勾边，叶与花蕾内用几道褐彩描绘，寥寥数笔，姿态生动。这是长沙窑产品中常见一种壶，古拙大方，实用美观，具有鲜明时代特征。

13 龙泉窑莲瓣纹五管瓶

宋

高30、口径8.2、腹径16、底径8.5厘米

直口带盖，短颈，折肩；肩上有四管，管与瓶身相通；瓶腹呈折阶状由上至下敛收，圈足。伞形盖顶部有一钮，盖面刻划菊瓣纹；瓶身呈五层折阶，一至四层分别刻划波涛纹，最下层刻划莲瓣纹。五管瓶，也称魂瓶、五谷瓶等，是流行于我国南方地区的一种随葬品，器形多呈平口罐或五联罐状，有的罐身和顶盖上还有亭台楼阁、飞禽神兽等堆塑；质料为陶瓷，尤以青瓷居多，并大量出土于汉末至宋元的墓葬中。此瓶器形规整、端庄大方，通体施青釉，釉面莹润细腻，釉色雅致清新。

14　龙泉窑印双鱼纹盘

宋

高4、口径13、底径6.2厘米

敞口，宽平沿，弧腹，圈足。盆心印两条小鱼，外腹部刻划莲瓣纹作装饰。整器施青釉，只有圈足底一圈无釉。釉层肥厚，有开片。

15　龙泉窑螭耳小瓶

南宋
高15、口径5.6、腹径7、底径5厘米

平口折沿，直颈，折肩，直腹，圈足，颈部两侧有对
称螭耳。小瓶通体施粉青釉，开小片纹。釉层肥厚温
润，造型规整庄重。

16　龙泉窑刻莲花纹菱口盘

明

高8、口径38.8、底径23.5厘米

菱花口，折沿，弧腹，圈足。盘腹起棱呈多瓣形，盘
心刻一朵盛开的莲花；通体施青釉，圈足内有一圈呈
火石红的垫烧痕。器形敦厚大气，釉质凝厚润泽。

17 影青划花碗

宋

高5.3、口径16、底径5.5厘米

敞口，弧腹，圈足。碗外壁刻划随意的花瓣纹，口沿、圈足底不施釉，其余部位满施青白釉，釉质细薄润泽，质感如玉。但磨损痕迹严重，口沿所包银边脱落。芒口、口沿包金、银、铜边的瓷器是影青瓷中的珍品。

18 影青印花碗

宋

高5、口径16、底径5厘米

敞口，弧腹，饼形足。碗内壁印花卉装饰，外壁无纹饰。通体施青白釉，足底无釉，磨损痕迹严重。

19 影青点彩瓶

元

高12、口径6、腹径7.5、底径5.5厘米

唇口，直颈，溜肩，鼓腹，圈足。器身施青白釉，并有点彩褐斑装饰。"点彩"工艺，即在青白釉瓷器上点绘氧化铁为着色剂的彩料，烧成后呈现褐色的彩斑。青白釉褐斑始于北宋，元代景德镇生产的青白瓷上盛行这种"点彩"，多装饰在小型器皿上，如小瓶、小罐等。

20 吉州窑剪纸贴花碗

宋
高5.5、口径11.8、底径4厘米

敞口，斜壁，浅圈足。通体施黑釉，内壁以黑釉为地，装饰一
朵朵剪纸梅花，外壁施黑釉不到底，近足部及底部无釉。

21 磁州窑龙凤纹罐

元

高20.5、口径16、腹径23、底径9.5厘米

广口圆唇，短直颈，丰肩，下腹渐收敛，平底无釉，底中心有一乳突。罐里外通施白釉，以黑褐彩绘纹饰。肩部为一周变体荷花，隙地网格纹；器身为一龙一凤腾飞于旋涡状的云海之间；下腹有一周套烧痕，剥釉处露出灰黄胎质。白釉釉下黑彩是磁州窑的主要装饰方法，此罐以黑褐彩绘龙凤纹，线条简练流畅，用笔潇洒自如，充分表现出画工纯熟精练的技巧。

22　钧窑碗

元

高7.9、口径19.2、底径6.8厘米

敞口，口微敛，弧腹，厚圈足。碗内壁及外壁至近圈足处施灰青釉，口沿一周釉色
较深呈酱黑色，底足部无釉。釉色较亮，玻璃质感较强，釉面有细裂纹。

23　枢府釉碗

元

高4.5、口径13.5、底径4.5厘米

敞口，弧腹，圈足。碗内外施卵白釉，圈足无釉。枢府釉是元代景德镇创烧的一种青白色釉，色泽白中微泛青，釉面透明度较弱甚至呈失透状，似鹅蛋壳色，又称"卵白釉"。因这种釉色的瓷器多为枢密院定烧，印有"枢府"等字，故被称为枢府釉。这种釉含钙量低，钾、钠成分多，黏度大，烧成范围较广，为明永乐甜白釉烧制成功奠定了技术基础。

明清青花瓷器

佛山市博物馆藏 陶瓷

24 青花花蝶纹小盖罐、青花荷石纹小盖罐（两件）

明万历

高6.5、口径5、腹径7、底径4.5厘米

罐为一对，子母口，丰肩，弧腹，圈足，连小平盖。其
一以青花描绘蜜蜂、蝴蝶、花卉等图案，笔意率真灵
动；其二青花纹饰为湖石莲花纹，寥寥数笔，已使画面
充满生机。青花发色淡雅，釉面滋润如玉。

25 康熙款黄地青花福寿云龙纹碗

清康熙
高5.7、口径13.2、底径5.5厘米

撇口，深腹，圈足。碗内及底足内施白釉，外壁以黄釉为地，用青花绘两条云龙与两朵折枝莲花，花朵上分别写"福"、"寿"；足沿以莲瓣纹环绕一周，底部有青花楷书"大清康熙年制"双圈款。黄地青花工艺为二次烧造，创始于明代宣德时期，清康熙、雍正、乾隆时期延续并发展创新，为清代官窑青花器中的名贵品种。

26 青花麒麟飞凤纹罐

清康熙
高28.6、口径12.5、腹径22.8、底径13.5厘米

唇口，短颈，丰肩，圆腹，敛胫，平底。口沿一圈酱釉；颈部绘长短相间的火焰纹；腹部绘一丹凤、一麒麟，辅以太阳、芭蕉、树石、小草、火焰等纹饰。丹凤呈飞舞状，秀美灵动；麒麟奋起跃蹄，威武刚强。底釉白净润泽，青花墨分五色，色彩层次分明。该瓶在民国版《佛山忠义乡志》有记载，是清初南海佛山诗人李南洲的藏诗瓶，器身刻八十八字，有如墓志铭，出土于石湾圆美冈，流传有序。

27 青花山水人物纹缸

清雍正
高16.5、口径21.5、底径10厘米

平口折沿，深鼓腹，平砂足。器外壁以青花勾绘山峦
数座，茅屋几间，竹树几丛，间以高士人物作点缀，
构成一幅色调淡雅，意境清逸的山水人物图画。

28 乾隆款青花折枝花纹棒槌瓶

清乾隆

高30、口径4.5、腹径13.5、底径8.2厘米

小口，直颈，折肩，直腹，圈足。青花纹饰繁而有序，颈部纹饰为折枝莲，花瓣微蹙，葫芦形叶徐徐展放；腹部主体纹饰为折枝花卉，十六朵折枝菊花排成上下两行被双道弦纹等分为八组，花蕊皆向上盛放，花枝摇曳伸展；辅助纹饰有卷草纹、如意头纹、缠枝花卉等。整体纹饰构图紧凑繁密，绘工严谨规矩；底釉洁净润白，青花呈色清幽自然，底有"大清乾隆年制"青花篆书款。

29　乾隆款青花折枝花果纹蒜头瓶

清乾隆
高28、口径3.5、腹径14.5、底径8.5厘米

瓶口呈蒜头形，长颈溜肩，圆腹，矮圈足外撇。青花辅助纹饰分别有回纹、
缠枝菊纹、宝杵如意云肩纹、海涛纹等。腹部的主体纹饰为折枝花卉、折枝
寿桃，寓意着富贵长寿。纹饰繁而不密，疏朗悦目；白色底釉泛青，青花呈
色浓艳。底有青花"大清乾隆年制"篆书款。

30 乾隆款青花勾莲纹六角瓶

清乾隆
高48、口径14.5、腹径26.5、底径16厘米

瓶呈六角形，撇口，长颈，鼓腹，撇足。胎体细密坚致，造型端正规整。全器青花纹饰多层，
口沿、肩部及器足分别饰以海水、如意、花卉等纹饰；颈部绘蕉叶纹，腹部主题纹饰为缠枝莲
花，花儿朵朵盛开，枝叶缠绕其间，婉转多姿。底有青花篆书"大清乾隆年制"印章款。

31　**乾隆款青花松鼠葡萄纹碗**

清乾隆
高10.8、口径22.5、底径9厘米

撇口，深腹下收，圈足。外壁青花通绘葡萄树，枝蔓藤绕，上有数只形态逼真的小松鼠在玩
耍、跳跃，构成一幅生气盎然的画面，底青花篆书"大清乾隆年制"款。松鼠葡萄纹是我国传
统的吉祥纹饰，寓意硕果累累、丰收满贯，也有多子多孙，千秋万代的祈愿。

32 嘉庆款青花三果纹碗

清嘉庆
高6、口径15.5、底径5.5厘米

敞口，斜腹下收，圈足。口沿内外分别饰卷草纹一周；碗心绘三桃，寓意长寿；外壁绘三组折枝花果，寓意多子、多福；近圈足处饰一道莲瓣纹。青花色泽艳丽明快，图纹精美，底有青花篆书"大清嘉庆年制"款。

33 嘉庆款青花勾莲纹赏瓶

清嘉庆
高37.4、口径9、腹径23、底径12厘米

撇口，长颈，圆腹，高圈足稍外撇。器身青花纹饰分九层：口沿绘海水江芽纹、如意云头纹，颈绘长蕉叶纹、回纹，肩绘缠枝莲花、如意头纹，腹部绘缠枝莲花纹，足绘莲瓣、卷草纹，底有青花楷书"大清嘉庆年制"款。

赏瓶是清雍正朝开始有的造型，一直延续至清末宣统朝，是官窑传统器形。多以青花缠枝莲为饰，取其"清廉"谐音，专用于皇帝赏赐臣下，意在令其"为政清廉"，同治以后又增添粉彩与单色釉描金等品种。

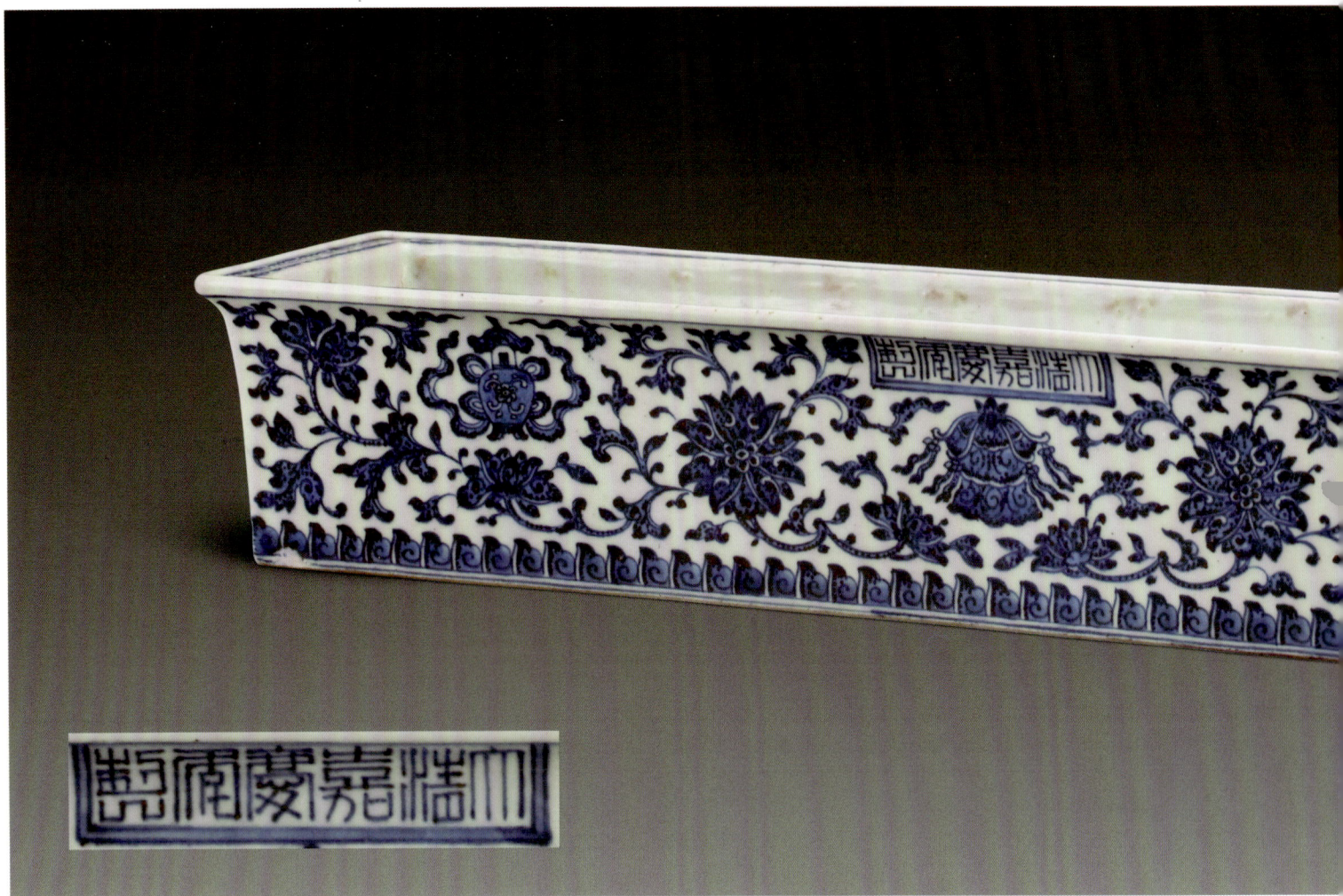

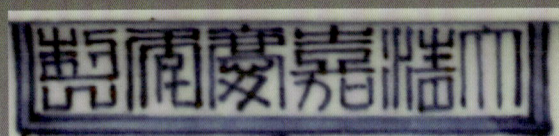

34　嘉庆款青花勾莲暗八宝纹长方盆

清嘉庆
高8、长45.8、宽11.6厘米

盆呈长方形，方口平沿微外撇，直身，方圈足。平沿
一周绘旋涡纹，器身满绘缠枝莲花间隔暗八宝，近足
部一周绘变形海涛纹。纹饰绘画工整呈图案化，青花
釉色纯正沉着，盆正面平沿下方书有"大清嘉庆年
制"篆书款。

35　光绪款青花加紫八仙过海纹碗（两件）

清光绪
高7.5、口径22.5、底径9厘米

敞口，弧腹，圈足。口沿内外绘青花双弦纹，碗心有
青花寿星抚鹿图，以青花云纹、紫彩波涛衬托；碗外
壁绘青花八仙过海图，空白处用紫彩满绘海涛纹。圈
足内有青花楷书"大清光绪年制"款。

青花加彩，即先以釉下青花在坯上描绘勾勒，挂釉烧
成后再用釉上彩填涂或点缀成完整图案，与"斗彩"
技法一致。八仙图案是中国古代艺术品纹饰的传统题
材，明清瓷器上也较多使用。

光绪款青花加紫八仙过海纹碗碗心

光绪款青花加紫八仙过海纹碗局部

明清颜色釉瓷器

36 德化窑白釉兽耳炉

明
高8、口径14.5、腹径16、底径10.5厘米

撇口，束颈，圆鼓腹，高圈足，颈腹处两侧贴塑两兽首
耳。通体施白釉，胎、釉浑然一体，光润如玉，造型端
庄大方，为德化窑器皿中的精品。

大清康熙年製

37 **康熙款豇豆红暗团龙纹水丞**

清康熙
高7.5、口径4.5、底径12.5厘米

敛口，溜肩，圆身，平底，形似马蹄。器内及足底施白釉，外施豇豆红釉，釉色亮丽明净，釉薄处有绿色苔点。器身暗刻团龙纹三组，底有青花楷书"大清康熙年制"款。豇豆红釉，为高温颜色釉，是康熙时铜红釉中名贵品种，此件当为精品之作。

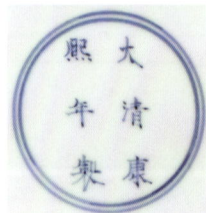

38　康熙款茄皮紫釉暗龙纹盘

清康熙
高4.5、口径25、底径16厘米

　撇口，浅弧腹，矮圈足，通体施紫釉，色调较浓，如茄子皮色。盘内、外壁均暗刻云
龙戏珠纹、底施白釉，有青花楷书"大清康熙年制"双圈款。茄皮紫釉，属低温釉，始
烧于明弘治朝，清代延续发展，康熙时水平较高，为单色釉中的名贵品种。

39　康熙款黄釉大碗

清康熙
高15、口径31、底径14厘米

撇口，深腹，矮圈足。通施黄釉，釉色柔和淡雅、器形大而规整，是单色釉中的佳品，底有青花楷书"大清康熙年制"双圈款。

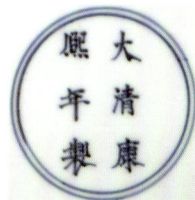

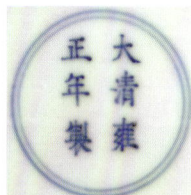

40　雍正款黄釉暗龙凤纹盘

清雍正
高3.4、口径14.2、底径8厘米

敞口，圈足；盘内心刻龙凤环绕纹，盘外壁刻莲花托八宝纹；盘内外壁遍施黄釉，釉色润泽、典雅、柔和，圈足内施白釉，底足心有青花双圈"大清雍正年制"楷书款。明清时期，黄色为皇家专属，对于黄釉瓷器的管理更是十分严格，不得僭越。该盘器形规整，刻划流畅，为雍正官窑黄釉佳器。

41 乾隆款豆青釉乳钉纹鼓形罐
清乾隆
高16、口径11、腹径17、底径10厘米

形如鼓状，平口内敛，圆鼓腹，平圈足。器身上下各塑乳钉纹一周，腹
中部两侧贴塑兽首衔环辅首。通体施豆青釉，圈足底一圈不施釉，底有
青花篆书"大清乾隆年制"款。豆青釉质匀净肥润、釉色典雅清丽。

42　乾隆款仿哥釉葵口碗

清乾隆
高5.8、口径12、底径4.5厘米

花口，斜深腹，圈足。内外施白釉，开片裂纹满布，裂纹疏朗，深黑色的裂纹与洁白光亮的釉色形成对比。口沿、圈足底各施酱釉一周，底有青花篆书"乾隆年制"款。釉质凝厚滋润，釉色淡雅清幽，器形秀雅端庄。

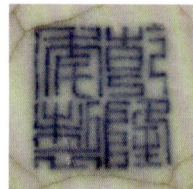

43　乾隆款窑变红釉石榴尊

清乾隆
高20、口径11、腹径15.5、底径9.5厘米

器身呈六瓣形，花口折沿、短颈、圆鼓腹、圈足外撇，状如石榴果。底有"大清乾隆年制"刻款。"窑变釉"是器物在烧成过程中，由于窑中含有多种呈色元素，经氧化或还原作用，器物在出窑后呈现出意想不到的效果，俗语有"窑变无双"，就是指窑变釉的变化莫测，独一无二。这件器物不但造型端庄秀美，尤其是经过"窑变"的釉色，红里透紫，紫中藏青，瑰丽多姿，自然晶亮。器身棱线和口沿薄釉处露出的月白、月蓝色与通体红釉相映衬，犹如夕阳与晚霞相辉映，产生醉人的艺术魅力，体现了乾隆时期高超的工艺水平。

44 乾隆款炉钧釉瓶耳灯笼尊

清乾隆
高24、口径8、腹径15、底径8.2厘米

整器形似一灯笼，侈口，短颈，长圆腹，腹部两侧饰一对束腰瓶为耳，圈足。全器通施炉钧釉，蓝、绿、月白色釉交错映衬形成美丽的釉色，釉面流动较少。底刻"大清乾隆年制"篆书款。炉钧釉创烧于雍正时，属低温窑变花釉品类，仿宜兴窑釉陶"宜钧"，有月白、葱翠、朱砂红及蓝、绿等丰富色彩，雍正、乾隆时烧造水平较高。

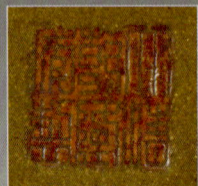

46 道光款酱釉碗（两件）

清道光
高6.1、口径12.2、底径6.8厘米

敞口，斜直腹，圈足。碗内外通体施酱黄釉，口沿露白，底施白釉，底有青花篆书"大清道光年制"款。釉色匀净，器形敦厚。

45 乾隆款茶叶末釉绶带葫芦瓶

清乾隆
高26、口径3、腹径16、底径8厘米

形似葫芦，直口，直颈，鼓腹，束腰，圈足。两腹中部塑对称绶带式耳，通体施茶叶末釉，釉色纯净均匀，器形雅致，底有"大清乾隆年制"刻款。

茶叶末釉，属高温黄釉，釉色呈黄绿色，经高温还原焰烧成。釉面呈失透状，釉色黄绿掺杂，古时绿者称为"茶"，黄者称为"末"，古朴清丽，颇似茶叶细末，故名。茶叶末釉起源于唐代的黑釉，明时称为"鳝黄釉"，清代续烧，以乾隆朝最为成功。

47　德化窑白釉携篮观音立像

清光绪
高47.1、宽15.5厘米

观世音一手提镂空花篮，一手轻曳裙裾站立于莲簇之上。头挽两高
髻，微闭目，面如满月，慈祥安宁，神态娴静脱俗，衣纹流畅颇具动
感。通体施白釉，胎釉一体，背部有"博汲渔人"款，为清后期德化
窑人物塑像中的佳品。

清-民国彩瓷

48 雍正款白釉填红三鱼纹碗

清雍正
高6.5、口径15.4、底径5厘米

敞口，深斜腹，圈足。通施白釉，在外壁滋润透亮的白釉上填饰三尾红鳜鱼，三鱼体形丰肥，于釉面微微凸起，红白相映，沿着碗壁首尾相随，生趣盎然。底白釉，有青花楷书"大清雍正年制"款。釉里红三鱼图早期见于明宣德年，常见于高足杯上，并作为瓷器史上的名品在古代文献中屡有记载。清雍正年间，釉里红的烧造技术达到了高峰，呈色鲜艳而富有层次，可谓清代瓷器中的珍品。

49 雍正款斗彩荷塘鸳鸯纹碗

清雍正
高8.5、口径18.5、底径7厘米

敞口，鼓腹，腹下收，圈足。碗心以斗彩绘荷塘鸳鸯图一组；外腹一周亦用斗彩描绘池水、荷花、鸳鸯四组，每两组相对应，一鸳鸯游于水，另一只飞翔盘旋，互相呼应，情趣盎然。纹饰构图疏朗雅致，釉彩色泽淡雅明净，底有青花楷书"大清雍正年制"款。

50 道光款斗彩团花纹碗（两件）

清道光

高6.7、口径15、底径8.7厘米

撇口，深腹，口沿至足部稍收敛，平圈足。碗内施白釉，腹外壁以斗彩饰团花五组，团花上下之间以朵花点缀，足部饰水波纹图案。造型稳重秀雅，釉色淡雅明丽，纹饰构图疏密有致，底有青花"大清道光年制"篆书印章款。

51 乾隆款粉彩过墙瓜蝶纹碗

清乾隆
高5.9、口径11、底径4.5厘米

撇口，深腹，圈足。碗外壁用粉彩绘青竹、瓜果植物，瓜蔓过顶延伸至内壁，上结果实数个，各具形态，一蝴蝶飞舞其上，极富情趣。釉彩色泽艳丽丰富，浓淡协调相宜，构图疏朗大方，底有青花篆书"大清乾隆年制"款。

53 宣统款粉彩夔凤纹碗（两件）

清宣统
高9、口径21、底径8.5厘米

撇口，深弧腹，腹部向下渐收敛，圈足。口沿及足部以红彩各饰弦纹一周，腹部有两组以蓝彩及红彩各绘一只展翅的夔凤为主体纹饰，空隙处以姿态各异的花卉装饰，底有青花"大清宣统年制"楷书款。此碗器形规整，粉彩纹饰用紫、红、蓝、粉、黄、绿设色，色彩艳而不俗，画工精细，构图饱满，是一件上佳的粉彩瓷器。

52 "乾隆年制"款黄地粉彩描金五龙纹天球瓶

清光绪
高55、口径12.5、底径20厘米

直口，直颈，丰肩，圆鼓腹，圈足。瓶内及底部施粉绿釉，瓶身纹饰为黄地粉彩云龙纹，底有"乾隆年制"刻款。

天球瓶是受西亚文化影响极深的一种瓷器造型，始于明代永乐、宣德年间，状若天球，故名天球瓶。清康熙仿古风盛行，天球瓶则多仿明初之器。雍正、乾隆时较为流行，仿造的天球瓶更属宫廷大型陈设用瓷，除了传统的青花品种外，五彩、粉彩等彩绘天球瓶也开始出现。此为清后期仿乾隆天球瓶中的佳品。

54 "雍正年制"款仿木纹小花盆

清光绪
高10.5、口径12.4、底径9.5厘米

敞口、斜直腹，平底，底部有四个小矮足。花盆内施白釉，外施木纹釉，使整器形似一只小木桶，底有"雍正年制"青花篆书四字款。木纹釉是清代创制的釉色，用红赭与褐色两种不同的色彩，在瓷器上描绘出木材的纹理，再施透明釉烧制，形成足以乱真的木纹釉。此为清后期仿雍正时期的作品。

55 绿釉雕瓷蕉叶形笔架

民国
高3、长12、宽5.5厘米

为架放毛笔之用的文房用具，又称笔搁。芭蕉叶形，呈上高下低之波折状，叶之主脉凸起，两侧侧脉对称整齐，一叶尖自然挑起。通体施绿釉，边浓中淡。上塑一只青蛙，呈跃起之势，蛙身釉色深绿，腹部浅白，足部露胎，造型生动逼真，为景德镇瓷塑精品。

56　广彩开光人物故事图狮耳大瓶（两件）

清中后期
高88、口径34、底径30厘米

花形撇口，束长颈，溜肩，高直腹，胫内收，圈足。颈部贴塑双狮耳，肩部塑两对螭龙。瓶身分前后描绘图案，颈部、腹部、胫部前后面均开光，内绘人物故事图，隙地描绘花鸟、瓜果、暗八宝。该瓶器形高大，图案丰满，所绘人物众多，场面热闹。画面大量使用金色和胭脂红色，使整件器物显得绚彩华丽，金碧辉煌。

57 广彩龙舟竞渡图大盘

清同治
高6.9、口径41.2、底径21.5厘米

敞口、斜直腹、平底，圈足。盘内绘龙舟竞渡场面，盘沿以红彩为地，绘岭南佳果开窗花鸟纹。盘心绘两条竞相争渡的龙舟，船上罗伞、旌旗飞扬，龙舟健儿划桨奋勇争先。边有两艘护航小舟，随后有观战花艇。滔滔江面，远景有崇山峻岭，近有竞渡飞舟，岸边有亭台楼榭、观战人群。画面丰富，层次感强，生活气息浓厚。

清-民国紫砂器

58 紫砂邵锦友款"孟臣"壶

清末
高6、口径5.5、腹径8.5、底径6.3厘米

子母口连圆钮盖，短颈，溜肩，扁圆腹，短流，环柄，平底。腹部刻有楷书"自有一山川 孟臣"七字，底有"邵锦友记"八方形款。紫砂胎质呈砖红色，俗称"大红袍"，胎薄轻巧，壶体光泽莹润，造型小巧端庄，线条圆转流畅。"孟臣"姓惠，大约生活在明天启到清康熙年间，荆溪人，著名壶艺家，以擅制小壶驰名于世。他制作的壶后世称为"孟臣壶"，后世多有仿制，此壶为清后期仿。

60 紫砂"曼生"款梨形壶

民国
高10.5、口径5.5、腹径10.3、底径6.2厘米

整个器形象一只鸭梨，连盖。子母口，溜肩，椭圆腹，短流，环柄，圜底。盖钮被塑为一截十分逼真的雪梨蒂，腹部刻篆书："茶具质而洁 曼生"七字。紫砂胎质呈紫黑色，俗称"天青泥"。曼生，本名陈鸿寿，清代中期人，著名的金石书画家，却以设计紫砂壶最为人称道。清中期他与杨彭年合作制壶，把诗文书画与紫砂壶陶艺结合起来，为紫砂壶创新带来了勃勃生机。此壶造型简洁典雅，线条圆润流畅、做工规整精细，篆刻书法雄健有力，为民国时期仿制曼生壶中的精品之作。

59 紫砂"孟臣"款梨形壶

民国
高7.2、口径4.6、腹径6.8、底径3.5厘米

壶呈梨形，连圆钮盖。子母口，溜肩，椭圆腹，短流，环柄，圜底。底有行书划款"且吸杯中月 孟臣"，环柄底部有"如记"款。此壶为民国时期仿制。

石湾窑

艺术器皿
人物塑像
动物造型
微塑盆景

艺术器皿

61　石湾窑月白釉琮式瓶

明

高32.5、口径10、宽12厘米

瓶作琮式。圆口，短颈，腹呈方柱形，圈足。器身四角有规则的弦纹作装饰，全器施月白釉，釉质厚润，有网状冰裂纹。

62　石湾窑"吴南石堂"款如意云纹双耳方口尊
明
高31.1、口径10、宽12厘米

素胎。长方口，短束颈，丰肩，腹部渐收，近足处外撇，平底。肩部和下
腹部饰卷云纹，肩腹之间对称双耳，壶身印斜方回纹，瓶底钤"吴南石
堂"方印。石湾陶塑以善于模仿各大名窑和仿古器物著称，吴南石堂是明
末清初广东石湾窑第一名堂，以出品素胎香炉闻名，尤擅仿古造型。

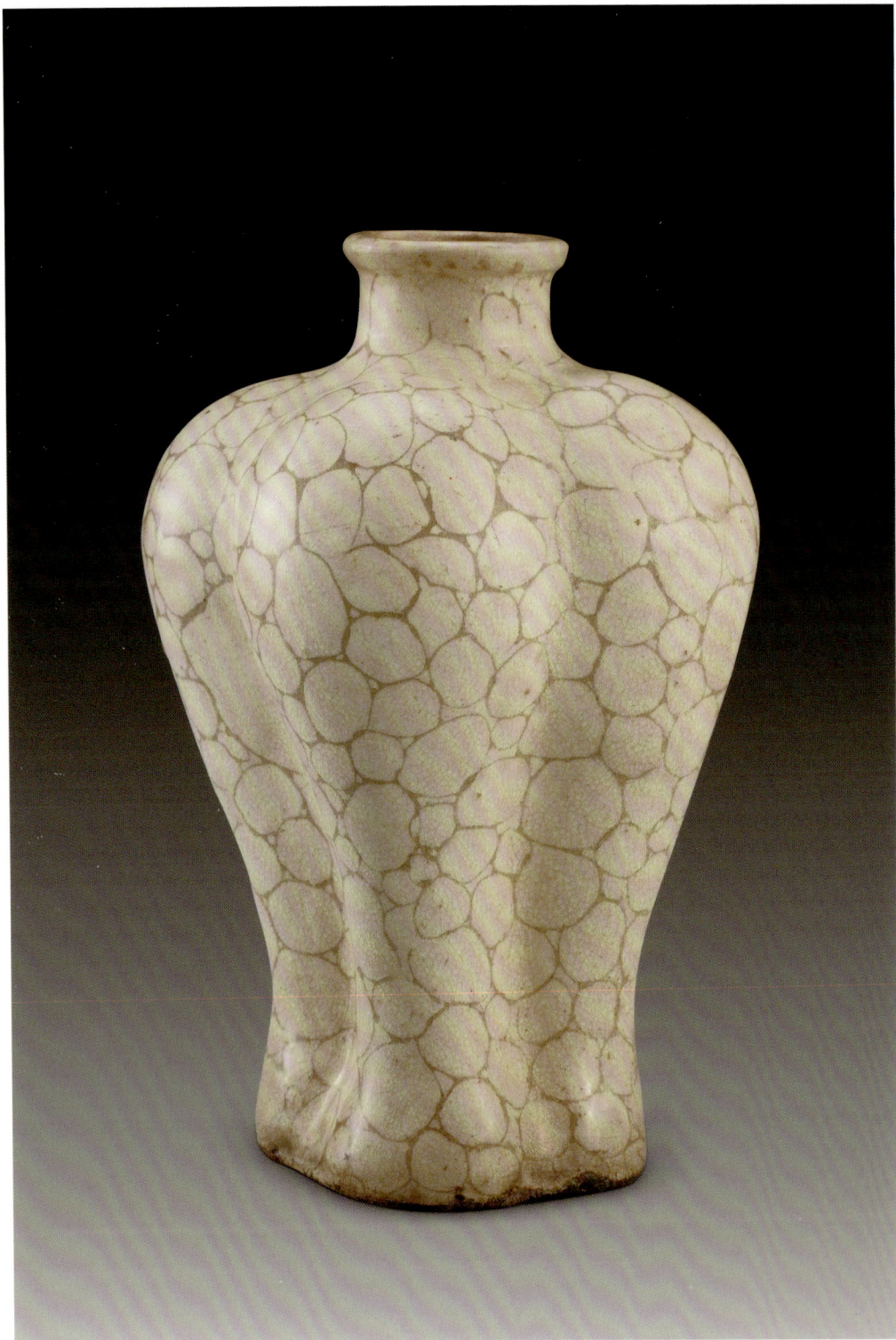

63 石湾窑米白釉砾石纹海棠形梅瓶

清
高24.3、口径6、腹径17.5、底径11厘米

器身呈四瓣海棠式造型。圆唇，短直颈，丰肩，束胫，足部稍外撇。整件器物为米白釉
砾石纹，釉厚而光润，有小开片，圈足内白釉泛黄，并粘有砂粒。瓶型端庄秀美，线条
流畅柔和，是石湾窑器皿中的上佳作品。

64　石湾窑玳瑁釉胆瓶

清
高21.9、口径3.5、腹径9、底径5.5厘米

小口微撇，细颈，溜肩，长鼓腹，矮圈足。通体施黑、黄等色交织混合的玳瑁釉，釉色滋润，色彩柔和。　玳瑁釉始见宋代，以宋江西吉州窑的玳瑁盏为代表。石湾窑善仿善创，不仅仿历代名窑的造型，也仿其釉色，此小胆瓶便是仿名窑釉色的一个例证。

65 石湾窑绿釉鱼篓罐

清
高13.7、口径12、腹径17、底径
12厘米

仿竹编鱼篓造型，唇口，短颈，溜肩，扁圆鼓腹，平底。整器饰绿色的竹篾横向编织纹，纹饰刻划整齐细密；腹部中间饰一道浅黄色宽带，上面点缀酱色的鼓钉点。从整体造型、纹饰、釉色看，恰似一只竹编鱼篓，十分形象逼真，生趣盎然，散发着浓郁的生活气息。

66 石湾窑"粤彩正记"款鳝黄釉桥耳三足炉

清末
高9.8、口径14.5、腹径18厘米

平沿，口沿上置双桥耳，束颈，扁圆腹，圜底，三足。炉身施鳝黄釉，炉内刷护胎釉。釉色黄润，带黑褐色斑点，像鳝鱼的皮色，炉内底有"粤彩正记"方印款。"粤彩正记"是明晚期石湾窑陶器作坊款，主人姓陈，名粤彩，明代晚期石湾陶瓷名家，善制器皿，规范讲究。此炉为清后期仿制。

人物塑像

67　石湾窑黑釉和合二仙坐像

清
高20、宽19.5厘米

作品塑唐代僧人寒山与拾得的形象，两人一捧禾穗一人持盒，笑容可掬，亲密融融，十分惹人喜爱。人们
把两人尊为"和合二圣"，意为"和（禾）谐合（盒）好"，借此来祝福新婚夫妇白头偕老，百年好合。
黑釉是石湾窑应用最广的一种色釉，但大多应用于普通日用器皿和炊煮器的内部，施用于艺术作品上则较
为少见。这件作品整件施黑釉，釉色漆黑莹亮，十分难得。

68 石湾窑黄炳款素胎羲之戏鹅立像

清
高28、宽10厘米

王羲之头戴冠帽，着宽袖长袍；面带微笑，五缕长须飘于胸前，眼睛望向斜下方，左手指着右脚边站立的一只鹅。鹅昂首前伸，似与主人对视嬉戏。作品为素胎，仅人物帽徽施青白釉。作者运用素胎仿树根雕的技法，将胎骨古拙、质朴的特质表现得淋漓尽致，使作品具有粗犷而深藏内秀的古朴之美。底钤"黄炳制"楷书方印。

佛山市博物馆藏 陶瓷

69 石湾窑红釉达摩立像

清

高31、宽14厘米

达摩身穿长袍，双眼圆睁，须眉乌黑略卷，两手放于胸前袖内，脸部及裸露肌体部分不施釉，面部表情刻画传神。全身施石榴红釉，釉厚色纯；衣物线条刚劲圆活，造型古拙庄重。雕塑手法纯熟简练，充分展现了石湾陶塑的艺术风格。

70　石湾窑黄雲屿款白釉寿星坐鹿像

清
高19、宽18.9厘米

梅花鹿屈腿而伏，素胎不施釉，鹿毛采用"胎毛"技法塑造，其间点缀白釉表现梅花鹿的斑点。寿星着白衣，白髯眉、大耳垂肩，笑容可掬，安然慈祥，右手捧寿桃，坐于鹿背上。"鹿"与"禄"谐音，桃则象征长寿，此坐像寓意"福禄长寿"。底部有签款"黄雲屿"，为清晚期石湾陶塑名家黄炳的作品。

黄炳（约1815～1894年），出生于制陶世家，擅长制作动物和人物，其中以"黄炳鸭"及"黄炳猫"最为人津津乐道，两者皆以"胎毛"技法塑造，形象逼真，神气灵动。独特的创作手法，精湛的技艺，奠定了其享名久远的石湾陶瓷宗师地位。

71　石湾窑仿舒观音坐像

清
高23、宽15.9厘米

观音结跏趺坐，头冠有阿弥陀佛坐像牌，双目微张，面容慈祥，仪态文静秀丽。衣纹柔顺，采用黑白赭三色，使作品形象素雅端庄，丽而不艳，展现观音善良、慈悲的情怀。这尊造像原作为善信在家供奉之物，虽制作精良却没署款。

石湾窑仿舒（舒，指宋代吉州窑系舒翁、舒娇两位名家）多采用施薄层的白色瓷土，再上含铁等矿物研磨配制的釉药，在器物上作墨彩处理的手法。石湾窑仿舒作品的特点大都素彩低温，烧成后胎质较为疏松，这件是石湾窑仿舒的上乘之作。

72 石湾窑水白釉观音立像

清中期
高32、宽12.3厘米

观音赤足站立荷叶之上，发髻高耸，双目微垂，手握书卷，神态安详；头披长巾，着长袍，衣纹飘逸流畅，姿态安逸闲适。通体施水白釉，面部、手、足部位也施釉，这种在陶塑人物上施满釉的方法，明代已普遍使用，一直延续至清代。器形虽小，但禅意超然，臻乎神妙之境，系清代石湾窑观音像之佳作。

114

73 石湾窑黄古珍款日神、月神塑像

清光绪
日神高80、宽43厘米；月神高80、宽39厘米

日神被塑造成一位老人，戴高冠，披斗篷，着五彩长袍，穿长靴。双眼平视，嘴角上翘，五绺白须飘于胸前，神情昂扬。左手高举象征太阳的铜镜，右手提斗篷；老人右脚抬起，左脚踏祥云；长袍上贴塑龙纹、祥云，胸前贴塑龙头；面部施白釉，其他部位施蓝、黄、绿釉，釉色明丽凝厚。月神被塑造成一位年轻女子，头戴簪花，披霞帔，着七彩宫衣，弯眉细眼，嘴角上翘，面带微笑。右手高举象征月亮的铜镜，左手做兰花指靠在腰间，脚踏祥云，身姿曼妙。霞帔、彩衣上贴塑蝴蝶、花卉、流苏等纹饰。面部施白釉，其他部位施蓝、黄、绿、红、褐等釉。在珠江三角洲、港澳及东南亚一带，陶塑日、月神一般安放庙宇、祠堂等建筑的屋脊上作装饰，同时也是希望日月神保护建筑，庇护民众。

作者黄古珍精于器皿，也塑造人物、鸟兽，善于山水绘画和金石文字，此对日神、月神是黄古珍人物塑像中的扛鼎之作。

74　石湾窑陈渭岩款粉蓝釉东坡爱砚像

清末
高34、宽15.2厘米

东坡头戴黑帽，手持砚台，颔首微笑，飘动的五缕长须，颇显儒雅。人物面部及手不施釉，以黄赭色陶土来表现人的肌肤颜色，真实自然；衣物用浅蓝色釉，衣纹线条简练流畅。底钤有"粤东渭岩氏制"篆书阳文方印。

陈渭岩是清代光绪至民国年间石湾陶塑名家，作品以工整、精细见胜。大文豪苏东坡爱砚，他的文集中有关砚的题咏很多，传统的石湾陶塑多以此为题材。

75　石湾窑陈淡池款黄釉罗汉立像

民国
高15.5、宽14.5厘米

罗汉身着长袍，双手前伸，头部略向右倾，双目专注，似要捕捉什么。长袍施黄釉，衣襟、鞋子施黑褐釉，头部及身体外露部分不施釉，底钤"陈淡池作"篆书方印。罗汉的胎釉处理朴实老练，形态刻画更是一丝不苟，生动逼真，体现了石湾陶塑艺术"形象传神"的特色。

76　石湾窑红釉持书老人坐像

民国
高22.1、宽15厘米

老人左手持书，目光有神，神情闲逸，腰系葫芦坐于石上。他头冠蓝巾，着红釉衣裳，葫芦与鞋施黄釉，面部及手、腿素胎呈砖红色。作品没有精雕细琢的痕迹，而是把泥团、泥块、泥条不经意地捏拿刻捺，便塑出了人物的头、身躯、手腿及衣物、山石。创作手法看似随意，但人物形神灵活毕现，显示了作者深厚艺术造型功力。

124

77 石湾窑苏潮记款天蓝釉读书罗汉立像

民国
高21.5、宽11厘米

罗汉身着和尚袍，头部略向右倾，双眼凝视，左手持书，右手食指似指点书中内容。长袍施天蓝釉，衣襟、鞋子施黑褐色釉，头部及身体外露部分不施釉。底钤"苏潮记造"楷书方印。人物神态逼真自然，衣饰上釉，其余部分素胎乃石湾陶塑人物的典型作法，具有质朴、坚实的质感，使人物更为形神兼备。

78 石湾窑苏潮记款白釉托钵罗汉像

民国
高23.3、宽3.4厘米

罗汉站立，双手举起，右手托砵，头向后侧，专注地望着所托的砵。罗汉
秃头、大耳长垂、圆鼻方脸、额头眼角皱纹很深、面部肌肉显松弛。长袍
披身，头部、手部不施釉，眼白、指甲、长袍、鞋施白釉，釉质厚润开细
片，使人物增添了清奇的气质，底有"苏潮记造"款。

79 石湾窑霍津款青釉倚书仕女像

民国
高14.2、宽20厘米

女子向右斜倚在一盒书上，两腿向左侧伸出，半卧半坐于一片蕉叶上。梳高髻，头微向左侧，柳叶弯眉，丹凤眼，双目略垂，胸前挂椭圆形花边长命锁。面部、颈部不施釉；头发、书盒施酱釉；衣裙、蕉叶、长命锁施青釉，釉色油润，衣纹、飘带线条流畅灵动。作者准确地塑造了一个华贵大气，且略带书卷气的仕女形象，底印有方形"霍津"款。

霍津是民国石湾著名陶艺家，以塑造人物和动物著名，尤以牛为擅长。

80　石湾窑霍津款青釉吕纯阳背剑持拂立像

民国
高36.5、宽17.4厘米

吕纯阳头结宝髻，身穿青衣道袍，背宝剑，右手持拂放于胸前。面部及手素胎，衣物施青釉。神态庄严，衣纹飘逸，线条自然流畅。底印有方形"霍津"款，这是霍津人物陶塑中的佳作。

81 石湾窑廖作民款红釉东方塑背桃立像

民国
高34.8、宽16.2厘米

东方朔站立，头稍侧，目光投向右前方，白发、白眉、五绺白须；左手握桃枝扛于肩上，背后挑两颗硕大的桃子。面部、手部、桃枝不施釉，长袍、寿桃施红釉，鞋施黑釉。东方朔神情怡然自得，广袖博衣飘飘，整个人物灵动活泼，充分表现出东方朔张扬的个性，底内部有"廖作民制"款。红釉主要以铜为着色剂，呈色较难稳定，作品中红袍薄釉处露斑驳的青黄色，是釉色在窑火还原时的缺陷，但却增添了人物逍遥、洒脱的气质。

廖作民是民国时期石湾著名艺人，以制作人物、山公见长。

82　石湾窑冠华氏款白釉持钵老僧坐像

民国
高14.4、宽13.1厘米

老僧面形丰满，睁双目视前方，嘴角微下撇；支腿盘坐，手捧白釉小钵于胸前。着高
领大袖禅衣，腰系葫芦；头部、前胸、手不施釉，禅衣、葫芦施白釉。老僧外形虽粗
犷，神情却透着深深的悲天悯人情怀。底印有"冠华氏制"方款。

"冠华窑"为民国年间梁格所创，规模很大，当时陶瓷名家潘玉书、霍津、刘传、温
颂龄等均有参与，并请江西瓷器师傅专施釉彩，阵容兴盛一时，对陶瓷制作技术也有
所改良。该窑还曾制造大量花盆出口，所创制的作品钤有"冠华氏制"或"冠华窑
制"楷书阴文方印，抗战期间歇业停产。

83 石湾窑仿舒釉寿星坐像

民国
高23.2、底径13厘米

寿星的头颅大而长，右手持书左手扶膝，仙鹤、小鹿依偎在旁，
这是艺术作品中寓意长寿的传统表现手法（鹤鹿同春）。作品施
用黑、白、赭三色，素雅脱俗，低温烧成，胎质较为疏松。虽然
是印模作品，却不失为民国时期石湾窑仿舒佳作。

84 石湾窑彩釉加金如来佛坐像

民国
高39、宽31.2厘米

佛像头满螺髻，方脸，双目垂视，双唇微闭，两耳垂肩，身着禅衣，长裙，胸露，跏趺坐。面、前胸、手、足裸露部分鎏金，禅衣施红釉，长裙施紫釉。此尊佛像神态庄严肃穆，衣纹流畅自然，釉色明快鲜艳，尤其是鎏金的使用，增添了佛像的庄严华贵。在石湾陶塑仙佛道题材的作品中，使用鎏金着肌肤之色在传世作品中较为少见。

此尊佛像虽无落款，但据有关资料记载，这是石湾陶塑名家温颂龄早年为佛山"仁寿寺"塑的佛像之一。温颂龄，又名麟，民国年间曾受雇于冠华窑，擅长人物创作，冠华窑的人物作品有不少出自温颂龄之手。

143

85 石湾窑潘玉书款青釉貂蝉拜月立像

民国
高23.6、宽13.9厘米

貂蝉裙裾迤地，头上绾髻簪花，身前的石几置放香炉，左手扶石，右手上香，神情专注而虔诚。作者用筛选洗白的陶土精心塑造人物，脸部、颈部、手部均不施釉，以表现人物肌肤的细腻；衣纹流畅，体态婀娜，将古典美女的温柔、娴静刻画得淋漓尽致。作品底钤"潘玉书制"篆书阳文方章。

潘玉书，名麟、号玉书，南海人，生于光绪初年，卒于1936年。少时随父潘锦枝学艺，在其父开设的佛山"粤华轩绸衣公仔店"学做绸衣公仔，十二岁师事黄炳，后成为陈渭岩入室弟子。精于人物塑造，尤以仕女见长。他有着石湾传统雕塑的深厚基础，又善于借鉴中国绘画特点，所塑人物比例适宜，衣纹流畅，神采毕现。他的人物塑造技法，对后世影响深远，成为石湾人物陶塑的一代宗师。

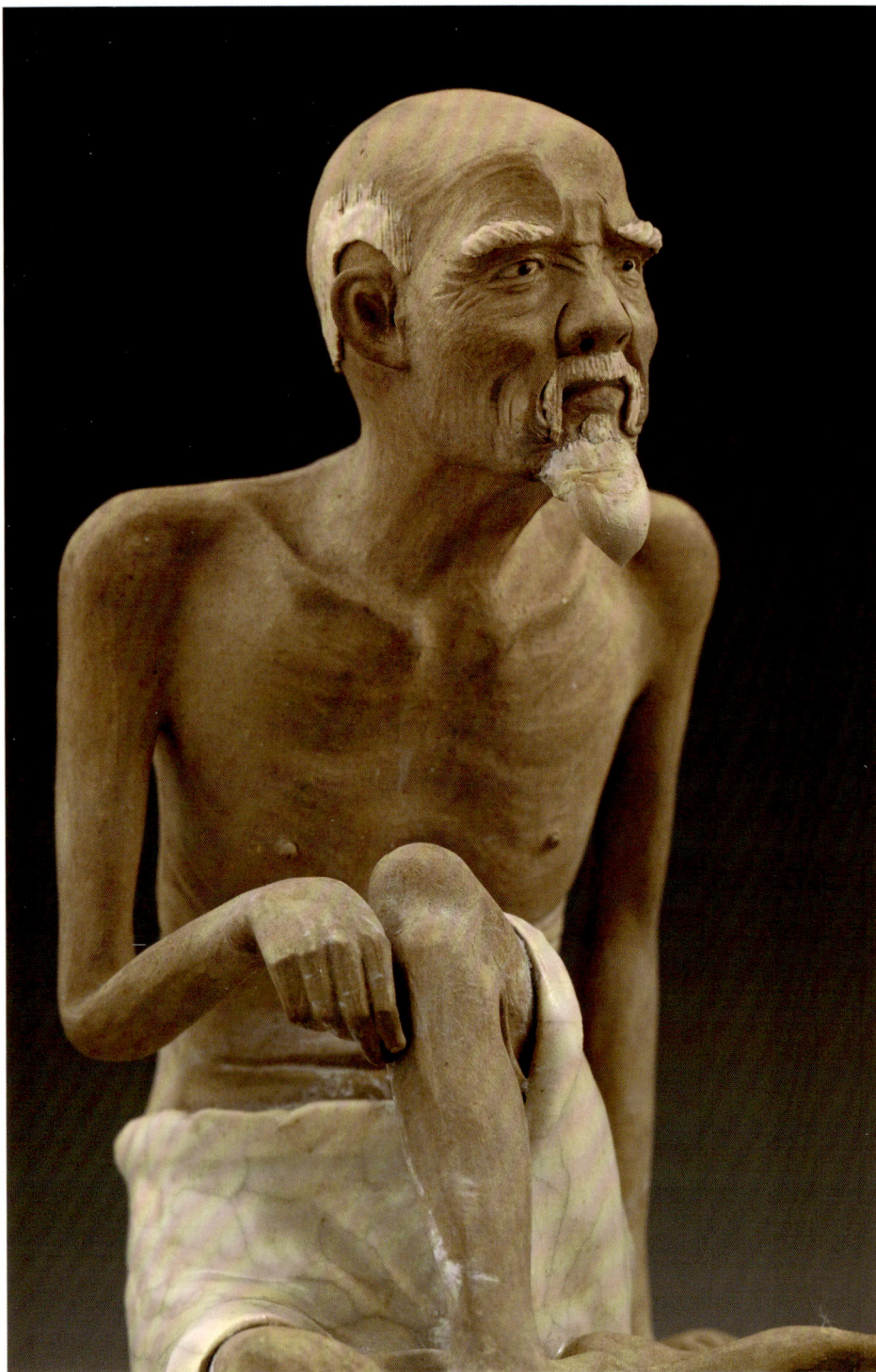

86 石湾窑潘玉书款老人坐像

民国
高17.7、宽15厘米

老人坐在褐色石板上，须眉皆白，上身裸露，下着短裤，赤脚，左脚屈起，姿势十分随意。作品运用胎土本色，突出人物的骨架关节、肌肤质感。皮肤纹理处理真实细致，给人感觉更加有血有肉，贴近现实生活。底印有"潘玉书制"款。

87 石湾窑潘玉书款红釉虬髯公与红拂女立像

民国
高33、宽20.5厘米

作品取材于古典戏曲"风尘三侠"故事。虬髯公浓眉大眼、大鼻，卷曲的胡须从两鬓连至下颌，脸部用略粗的陶土，使人物形象更具侠客之粗豪、犷悍；红拂女脸部施化妆土，细腻白净显示女性之妩媚。两人对视而立，虬髯公头戴宽檐帽，着短衣长袍长筒靴，腰间插瓜棱锤；红拂女头戴花鸟头饰，着长裙披斗篷，左手抬至颌下。虬髯公握着红拂女的手，眉头微锁，目光关切地注视着红拂女，红拂女温婉对视。作者通过人物动作和表情生动地反映了二人之间相互关心、爱护、尊重的深厚情谊。作品衣纹流畅飘逸，繁复而有条不紊，衣服、帽子、瓜棱锤施红釉，但釉色在还原过程中呈灰绿色，底印有"潘玉书制"款。该作品典雅脱俗，富有艺术魅力。既有夸张，又富于写实，重视表达人物神采和内在感情，形神兼备，耐人寻味。

佛山市博物馆藏 陶瓷

88 石湾窑潘玉书款白釉捧瓶仕女立像

民国
高35.5、宽12.5厘米

仕女手捧钧蓝釉花瓶，头上簪花，身穿长裙，通体施釉，人物面容清秀、表情温柔恬静，体态婀娜；衣纹处理细致入微，长裙、衣襟、飘带、裙饰分别施白、酱、蓝色釉，裙带飘拂，颇有吴带当风的神韵。底钤"潘玉书制"篆书方章。

89　石湾窑潘玉书款白釉读书仕女像

民国
高31.5、宽11厘米

人物头挽高髻，微向右倾，柳叶弯眉，细长双眼，眼睑低垂，面容端庄温婉；左手持书，书页翻开，视线却在书本之外，身体微向右侧扭转，一副若有所思的模样。作者注重人物姿态表情以及服饰的细节刻画，仕女身形窈窕柔美，亭亭玉立，举止间透出女性恬静文雅之美；衣纹线条婉转流畅，工艺细腻。底钤"潘玉书制"篆书阳文方章。

90　石湾窑潘玉书款铁锈釉佛坐像

民国
高20.6、宽11.8厘米

佛像满螺髻发式，头略垂，双眼微闭，着禅衣，跏趺坐于莲花座上。佛眉目秀美，神态慈悲祥和，使作品蕴含一种艺术内涵。通体施铁锈釉，并运用素胎仿树根雕的技法，表现胎骨的古拙和质朴。底印"潘玉书制"款。

91 石湾窑刘传款青釉长眉罗汉坐像

1939年
高22.6、宽15.7厘米

罗汉着长袍，双手环抱单膝，坐在蒲草团上。秃顶，皱眉，两缕长长的眉毛自然下垂及肩；怒目平视，耸鼻张口，露出残缺不全的牙齿；长脸，面部肌肉分明。罗汉身形瘦削，头部、面部线条嶙峋，显现了人物仙、奇气质。发际、眉毛施酱釉，眼白、牙齿、指甲点白釉，长袍着青白釉，蒲草团为酱黄釉。底有"湾溪陶隐"、"黄炳芸屿"方章及"钱塘圣恩寺罗汉阿资答尊者定位第贰"墨书款。作者有意夸张罗汉头额部分，颅骨、额骨、眉骨高突、张牙露齿，一副纵恣狂放之态。在写实基础上作适度夸张是刘传的典型手法，此罗汉的神情动态被刻画得入木三分，让人感到"奇而不怪，丑而不陋"，过目难忘。

刘传（1916～2000年），石湾人，当代著名陶艺大师。一生创作丰富，作品被国内外多个知名文博机构收藏。他提出了"宜起不宜止，宜藏不露"，"十浊一清，十清一浊"、"丑而不陋，奇而不怪"等美学理论，引领着新一代陶塑艺术家的进步成长，是石湾陶艺承前启后的一代宗师。他的作品细腻雅致、含蓄传神、形神毕现，透射着强烈的艺术魅力，把石湾陶塑艺术推向了新的高度和境界。

92 石湾窑刘传款青釉读书罗汉坐像

抗战期间
高22、宽22.2厘米

罗汉一手持书，一手扶着磐石，一脚盘起倚坐在石上，聚精会神地看着书。罗汉光头，前额宽大饱满，微凸。浓眉雪白，双目炯炯，宽鼻，鼻沟深长，双唇合闭。耳大而长，耳垂厚实下坠，长脸，下颚前兜。发际、胡须用白釉点出，增加了人物清奇的气质。头部、手素胎，长袍施青白釉，磐石施窑变蓝釉，底有"湾溪刘传"款方章。此尊罗汉像为刘传大师20世纪30年代后期作品，时值日寇入侵，社会动荡，民不聊生，这一时期大师塑造了一系列的仙佛神像，表达了作者追求平安、和平、幸福的心愿。

160

93　石湾窑刘传款白釉铁拐李坐像

抗战期间
高18.5、宽17.5厘米

铁拐李双目圆睁仰视，嘴紧闭，脸部肌肉线条清晰，头束发箍，发须卷曲凌乱，着长袍。左手持葫芦放于膝上，左腿支起，右腿盘坐，身体后倾，右手撑地，拐杖置于其右后方。面部、前胸、手脚不施釉，头发施黑釉，长袍施白釉，葫芦施红釉，底印有"湾溪刘传"款方章。

94 石湾窑刘传款"弃官寻母"像

1940年
高23、宽16厘米

母亲身躯佝偻、白发苍苍，与双膝跪地的儿子相拥在一起。她俯首凝视着久别重逢的儿子，儿子仰头深情地看着母亲；母亲的目光中流露着关切和疼爱，儿子眼中闪着喜悦与兴奋的光芒。作者运用写实的手法准确地表达了母子二人相见时悲喜交集的情景。母亲头发雪白，面部肌肉松弛下垂，儿子神情喜中有悲，风尘仆仆，携带包袱、雨伞，也在一定程度上反映了二人所经历的曲折和相见的不易。二人面部、颈部、手不施釉，长袍施白釉，儿子便帽和靴子施黑釉。内壁近底处印有"南海湾溪刘传"方章，这是刘传大师1940年的作品，成熟的雕塑技法，深厚的艺术功力，堪称经典之作。

95　石湾窑陶塑 "搜索"

1959年
高48、长44、宽42厘米

为了抵御美帝国主义的武装侵略，粉碎台湾国民党的反攻大陆的阴谋，1958年中共中央号召在全国范围内把能拿起武器的男女公民武装起来，以民兵组织的形式实行"全民皆兵"。陶塑作品 "搜索" 正是这种 "七亿人民七亿兵，万里长城万里营"的生动写照，具有鲜明的时代特色。海军战士弓步，身体前倾，双手紧握钢枪，眼睛注视左侧。民兵蹲伏在战士旁边，右手握枪，左手拨开旁边的植物，直视前方，两人神情高度警惕，搜索一切可疑迹象，准确地反映了当时军民协作，保卫祖国的生动情景。这是中国工艺美术大师廖洪标深入海岛体验生活后创作的。

96　石湾窑陶塑"报信"

1959年
高63、长33、宽32厘米

解放初期，窃据台湾的国民党反动派残余势力叫嚣反攻大陆，我海防前线士兵和当地民兵一起实行军民联防，加强巡逻，随时准备消灭妄图潜入大陆的美蒋特务和来犯之敌。"报信"以刚劲、雄浑、粗朴的线条塑造了海军战士和民兵的威武形象。他们手持钢枪，机警而沉着，日夜守卫在祖国的海疆。人物造型生动、传神，形象地表现了当时"全民皆兵"的背景，具有鲜明的时代特色。这是中国工艺美术大师刘泽棉20世纪50年代末期到海岛体验生活后创作的作品。

97 石湾窑陶塑"引水上山"

1972年
高56、长48、宽32厘米

汹涌的水流从一条弯曲延山而上的水管口喷涌而出，守候在旁边的五个人个个面露喜悦。作品表现型了20世纪六七十年代在农村接受贫下中农再教育的知识青年，把自己的知识应用到了实践中，通过研究和反复实验，终于成功引水上山的一个场面，真实再现了那个时代的社会风貌。作品由廖洪标、黄松坚、刘炳、苏锡荣、霍胜等集体创作。

1972年
高44、长37、宽30厘米

两位男性农民赤脚蹲在稻田里观察稻穗，一年轻女子站在旁边持笔和本子作记录；地上放了一只钟表和暖水瓶，在他们身后的一片稻田里插着一块牌子，上写"良种试验田"。通过农民手里的放大镜（缺失）、精准地指在九点的时钟、观察记录的认真神情和"良种试验田"的牌子，突出了科学种田的主题。人物的脸、颈、手臂、腿、脚部皮肤裸露部分不施釉，表现三位农民健康结实的肌肤。他们的身材也都非常壮实，符合当时人们的审美要求。作品由廖洪标、刘炳、苏锡荣、霍胜等集体创作。

良种
试验田

良种
鼠驼田

99　石湾窑陶塑"移山造田"

1972年
高26、长26、宽18厘米

一位青年农民弯腰在搬一块大石头，他眉毛上挑，双眼圆睁，嘴唇紧闭，锁骨毕现，胳膊和腿上
青筋暴露，准确表现了青年农民劳动的投入。作者虽然塑造的是一个人，但他的气势和决心非常
有代表性，反映了当时我国广大农民艰苦奋斗、战天斗地的精神面貌。此为刘泽棉的作品。

100　石湾窑陶塑"保卫西沙"

1974年
高41、长42、宽27厘米

三位战士身姿挺拔，神情庄严，手持钢枪，紧握五星红旗。作品突出地塑造了鲜艳夺目的五星红旗，这是对我们主权神圣不可侵犯的最严正宣告。1973年8月底，南越当局非法侵占中国南沙、西沙群岛的六个岛屿。我国多次声明和警告，南越并未收敛其侵略行径，反而出动海军和空军入侵我西沙群岛中的永东群岛，我国忍无可忍，进行了自卫还击，给来犯之敌以应有的惩罚。

1976年
高46、长33、宽32厘米

1960年春，我国发现大庆油田，一场规模空前的石油大会战随即在大庆展开。作品反映的就是当时王进喜带领他的钻井队克服没有公路、车辆不足、天寒地冻等困难，运送、安装钻井设备的情景。他率领1205钻井队经过艰苦奋战，仅用5天零4小时就打出了大庆第一口油井，展现了大庆石油工人无坚不摧的英雄气概，为我国石油事业立下了汗马功劳，成为中国工业战线一面火红的旗帜。1964年毛主席发出了"工业学大庆"的号召。作品由刘泽棉、苏锦荣、颜建邦等集体创作。

1976年

高31、长52、宽32厘米

三位渔民正在拉网，满网的鱼儿活蹦乱跳，三人虽然姿态各异，但都表现出了他们十足的干劲和收获的喜悦。这件作品是作者廖洪标、刘炳等人到恩平、开平等地参观采风后创作的。

动物造型

103 石湾窑雲屿氏款素胎鹰、熊

清

鹰：高20.5、宽13.5厘米；熊：高18.5、宽20厘米

黄炳是清代中后期石湾陶塑名家，擅长采用脱骨出毛的装饰手法塑造胎毛及翎毛类动物。捏塑的鹰站立于山石上，头稍向左侧，双眼注视前方，眼睛用黑釉填珠，目光锐利。全身羽毛为素胎加珍珠白点，点下一晕赭色衬底，爪、颈背部用白釉圆点及褐彩点缀装饰，羽毛技法功力深厚。捏塑的熊身躯肥壮，仰首张口，双目圆睁，尾巴上翘，尾端分支为二反

卷至脊上。牙齿、爪甲均施白釉，轮廓凸起长毛处用白釉圆点有规律的排列作装饰，胎毛以精细刻划的
线条表示。鹰爪、喙和熊四肢、脊梁、眉毛等有卷毛的部位以石墨着色，使作品更增添了艺术感染力。
两件作品分别钤"雲渔氏"篆书阴文长方章。勇毅凶猛昂首挺胸的鹰与威武的熊一起在相连的木座上，
把作者寓意"英雄屹立"的创作意念表现出来，是黄炳动物捏塑中的佳品。

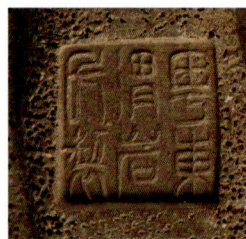

104　石湾窑陈渭岩款素胎狮

清末
高17.8、宽16厘米

狮子呈蹲坐回望姿势，头顶有一独角而角尖向前，张口露齿，双目圆瞪，表情凶煞。整器素胎，以"胎毛"技法表现狮子皮毛纹理，角顶、眉毛、眼白、牙齿、颈部、脊骨、尾巴、爪甲等部位用白釉着色，更增添了狮子凶猛的特性，底有"粤东渭岩氏制"款。这只狮子头小而有角，作者糅和了传统狮子和独角兽的特征，塑造出别具一格的南狮形象，凶猛威武而具有地方特色。

105 石湾窑雲渔氏款素胎鸭（两件）

清末
高13、长21厘米

鸭为一对，呈卧姿。鸭头分别拧向左右对称状，一脚露出，一脚隐于腹下。眼、嘴及脚施褐釉；其余部位素胎，采用"划胎毛"的手法处理羽毛；腹部刻"雲渔氏"长方印。"雲渔氏"为清代中后期陶塑名家黄炳的字号，他擅长塑制各种鸟兽、人物，特别是鸭、猴、猫等动物，后人多有仿作。这一对鸭子造型饱满、形态逼真，羽毛纹理刻划细致，突显毛茸茸的效果。

106 石湾窑霍津款素胎水牛

民国
高22.9、长31.3厘米

霍津是民国年间石湾陶塑名家，善塑动物与人物，尤其擅长塑水牛。他塑的水牛不用色釉，运用胎毛技法细致刻划牛毛，并在牛的眼睛、鼻子、角、蹄部位以石墨着色，以表现牛的生动逼真。此件素胎水牛膘肥体壮，造型稳重，刻划牛毛纤毫毕现，底钤"霍津造"楷书长方印。

107　石湾窑素胎猫

1957年
高15、长31厘米

素胎。猫头略向右侧，双目圆睁，两耳竖起，前腿直立、后腿稍曲，背躬起，尾巴弯曲上翘。猫的体形健硕，用胎毛技法表现肌理和皮毛，细腻逼真；用绿釉点睛，瞳仁用黑釉画成一条细线，表现的是正午时分的猫。猫爪点白釉，分外醒目，给人以锐利有力的感觉。作者用娴熟的手法，将跃跃欲试、即将出击捕猎的猫塑造得惟妙惟肖，动感十足。

此猫虽无落款，但据资料记载作者为区乾。区乾（1907～1958年），广东新会人，他继承和发展了石湾动物陶塑的优良传统和精湛技艺，表现手法力求写实逼真，作品质朴而传神，细腻而清新，精致而大气。他是当代石湾动物雕塑杰出的代表人物，20世纪50年代与刘传在石湾陶艺界"双峰并峙"。

108　石湾窑石榴红釉狮（两件）

1963年
左：高47.5、长65厘米；右：高53、长54厘米

这对石榴红釉狮是石湾陶塑艺人霍日增1963年的作品，霍日增常年从事动物传统
题材的创作并致力于釉料研究，颇有成就。作者摆脱以真狮子为原型的写实手
法，采用广东民间流行的独角狮形象，以大胆夸张的手法来刻画这对狮子，其卷
毛大耳、眼珠圆瞪、张口露齿、尾巴高翘有力。一只狮前爪伏地昂首，另一只半
坐回首，动感十足。通体施石榴红釉，釉色肥厚莹润，充分表现出狮子勇猛、活
泼的神态，是石湾窑现代动物塑像作品中釉色和造型都堪称上乘的作品。

微塑盆景

中国人民伟大的领袖毛主席万岁

20世纪60年代

高9.5、长15、宽16.5厘米

微塑的陶城宾馆为一组建筑群，塑于台基之上。正对台基阶梯的是一座攒尖顶的塔楼式主体建筑，其正后方连接一座三层小楼，左右后侧各为两层楼房，两楼之间有一块巨大的太湖石，塔楼周围塑有喷泉、树木。建筑虽极细小，但造型准确，精致协调，布局对称均衡，体现了艺人高超的技艺。台基的左侧墙上微刻有"中国人民伟大的领袖毛主席万岁"；右侧刻有："伟大的中国共产党万岁"，具有鲜明的时代特征。

20世纪60年代
高8、长39.5、宽20厘米

作者通过微塑的手法，将数十公顷的秀丽湖浓缩在不到0.1平方米的区间内。展现了秀丽湖的湖水、山石、树木高低起伏、错落有致的景致，颇有些江南园林的风姿。细致入微地塑造了湖面上舟影点点、湖中小路蜿蜒曲折，雄伟的群英阁，玲珑的亭台楼阁，精巧别致的十一孔桥、曲桥、拱桥，将观赏者带入了亦真亦幻的艺术空间。

作者塑造的是20世纪60年代祖庙古建筑群及周边的绿地、街道、河流等场景。重点精细地塑造了祖庙的山门、香亭、前殿、正殿、庆真楼、万福台及双龙壁、孔庙、祖庙牌坊等古建筑，同时也表现了建筑周围的河流、树木、山冈等自然景观，使观赏者既有细微欣赏的美好体验，也有宏大的视野、更深远的层次感，繁而不乱，小中见大，极大地扩展了欣赏者的空间感受。这组微塑既是艺术品也是史料，它重现了当时佛山祖庙及周边城市规划和发展状况，有非常重要的史料价值。

广东古窑址的历史概要

——兼谈佛山古陶瓷业的发展

邱立诚 *广东省文物考古研究所研究员*

广东目前所见最早的陶器发现于英德牛栏洞遗址第三期文化，陶器的形制很原始，极易破碎，器类难以辨认，年代在距今约10000～8000年[一]。但早期的制陶窑址发现不多。本文以陶瓷窑址的发现情况为主线，概述广东古陶瓷业的历史，兼谈佛山古陶瓷业的发展概况。

一、广东陶瓷业历史概要

1. 先秦时期的窑址

烧制陶器的窑址，在韶关走马岗、始兴城南澄陂村、兴宁永和铁窑岗和普宁广太虎头埔等新石器时代遗址以及曲江马坝石峡、平远水口、博罗梅花墩、银岗、增城西瓜岭、始兴白石坪等地的商周遗址都有发现。

韶关走马岗窑为竖穴窑[二]，结构可分窑室、火膛、烟道三部分，保存相当完好。窑室为一圆形竖穴，口径0.98米，底径0.4米，高1.06米，窑壁敷有一层草泥土，经火烧变成坚硬的微带黄色的红烧土。窑室有三个长形小洞向外伸出，可能是用以放入陶器坯件的地方。火膛在窑室东部，为一长筒形管道，长1.8米，宽0.45米，从窑室向外分两级倾斜。烟道在窑室北壁高0.2米处，呈斜坡状向上通过一段宽0.4米的生土层，然后向上伸出。从窑的结构看，走马岗窑的烧制技术仍较原始。

虎头埔遗址位于普宁市广太镇绵远村虎头埔南坡[三]。该遗址是在1982年的文物普查工作中发现的，当年即由广东省博物馆等单位对遗址进行过简单的清理，发现了一些与制陶有关的遗迹和遗物。2003年7月，揭阳考古队对虎头埔遗址进行了大面积钻探，探知该遗址占地面积约1万平方米，是一处新石器时代晚期的制陶遗址，绝对年代为距今4000年左右。10～11月间，揭阳考古队对虎头埔遗址进行大规模发掘，揭露面积1225平方米，对18座陶窑和五座灰坑作了进一步清理，还发现了房屋基址一座。18座陶窑包括两种不同结构：第一种形态陶窑仅一座，为圆角方形的直壁平底式窑；第二种形态的陶窑共17座，为平面呈"Ω"的横穴式窑。这些陶窑都具有窑室、火道、火膛等结构。窑室为直壁竖穴状，穹隆顶，窑室底部中央有凸起的圆形土台，周边有环形火道。火膛位于窑室斜前方，两者之间有略呈斜坡状的火道连接。火膛、火道和窑室的壁面都用0.03～0.05米厚的掺砂泥土涂抹光平，经长期烧烤而形成橙黄色的硬面。五座灰坑皆为竖穴长方形，现在残存口径长1.3～1.8米，宽0.8～1.3米，深0.05～0.7米。用细泥涂抹的四壁经火烧烤成硬面，除一座外其余三座坑的底部均未形成烧土硬面。发掘过程中，发现坑内填土中含烧土颗粒和炭屑，其中一座还发现厚6厘米左右的成层草木灰。部分坑外侧有人类长期踩踏形成的活动面。推断是制陶用的炼泥池。房屋基址平面呈梯形、西南一侧有外延的门道。房屋总面积约8平方米。由于近现代人类活动的破坏，目前仅存房基、墙内的柱洞，房内活动面已被破坏。但室外西侧和西南侧尚保留有较多的人类活动面，当时的地表上还保留有少量同时期的残破陶片。该房屋内缺乏相应的生产、生活用具和灶等生活设施，故作为当时居民的居所的可能性较小。由于房址面积较小且邻近窑群分布区，推测可能是窑工进行陶业生产时放置陶坯或者存储成品陶器的工作间。

这时期制作的陶器表面花纹装饰已相当美观。在陶器坯件入窑前，多使用陶拍进行加工，在器表拍印出各式各样的几何形花纹，统称几何形印纹陶。

新石器晚期的印纹陶属产生期，只有曲折纹、方格纹、漩涡纹和重圈纹等，而且一件陶器上只拍印一种纹饰。新石器末期为印纹陶的发展期。陶拍在揭阳、潮阳、海丰、普宁、封开等地已发现十多件。一般是长方扁块形，在其一面或两面，甚至两侧，刻有各种花纹。封开杏花塘角咀遗址出土的一件有柄陶拍，长12.5厘米，柄长4.4厘米，上顶宽7.5厘米，厚2厘米，两面阴刻方格纹和菱格纹，两侧还有平行线纹[四]。此外还有一种蘑菇形的陶"压槌"，其圆弧面一般平整或光滑无纹，手持其柄，可在陶釜罐类等较大件器皿上槌压，使陶坯胎更加坚实。这些工具的使用，不仅增加了陶器外形的美观，且使陶器质地更为坚实耐用。发现的几何印纹陶，纹样多达20~30种。典型花纹有：规整曲折纹、多线长方格纹、双线或多线交叉凸点纹、重圈纹、编织纹（席纹）、云雷纹、圈点纹、叶脉纹、鱼鳞纹、方格纹、梯格纹等。每件陶器上都拍印两三种以上的成组组合纹。各种各样的精美花纹，不仅给人以美的享受，也反映制陶工匠认识自然界和现实事物的艺术抽象，如重圈纹、编织纹、云雷纹、鱼鳞纹等等，与几何形印纹产生、发展、消亡的还有陶器上的刻划记号，同样是陶工们的发明创造。

合子里陶窑位于梅县畬江镇大湖村合子里[五]，年代为新石器时代晚期。1981年试掘，清理一座馒头窑，窑坐北朝南，沿山坡向上延伸。窑弧壁，残高1米，厚0.02～0.1米。窑室上宽下窄，下端已损毁，残存最宽为1米，最窄0.4米，长2.2米。窑内尚存炭土，出土少量陶片，纹饰有曲折纹、方格纹等，烧制火候低，质较软。

商代的窑址，在曲江石峡遗址的第三期已有发现，但结构不甚清楚，大致可分圆形穴窑和不规则的长方形浅穴窑。

水口陶窑位于平远县石正镇安仁村水口[六]，年代为西周。1974年发现并清理了四座。为圆形竖穴窑，分上下两层，上层是窑室，下层是火膛，火膛一侧有火门，中间是窑箅，箅孔上大下小，有3~11个。窑室平面为圆形或椭圆形，窑壁略作弧形，窑壁和窑箅用泥拌抹筑，经高温焙烧而成。其中三号窑窑室残高1.1米，中部宽1.85米，底宽1.54~1.66米，火膛高0.88米，宽1.62米，深1.8米。出土陶器有凹底罐、圜底罐、平底罐及钵、盂、碗、壶、拍等。多数陶器烧制火候略高，胎薄而硬。纹样以方格纹为主，其次有云雷纹、云雷与方格组合纹、叶脉纹、圈点纹等。部分陶器呈黑色或赭色，不易脱落。水口陶窑的结构是一种升焰式圆形竖穴窑，窑床与火膛之间以窑箅相隔，箅下不设火道和支撑，为了加强在窑床上放置陶坯的承受力，增加了箅层的厚度；同时，考虑到窑内温度的合理分布，对箅孔的设置也作了精心安排，箅孔排列均匀，靠近火膛的孔和内圈的孔较小，其他则略大，以尽量使窑床内的温度均匀一些；由于火膛在窑床的正下方，火焰可以通过箅孔进入窑床，并从陶坯的间隙上升至窑顶。这种形制较新石器时代的普宁虎头埔地穴窑显然要进步很多。因此，多数陶器的烧成温度在900~1200°C之间，陶质较硬；少数陶器的烧成温度在600~900°C之间，陶质较软。陶器制作以手制为主，尤其是小件器物，均采用手捏制成形，如碗、盂、小罐等；形体较大一些的罐、壶、盆等则在手制成形的基础上在口沿处以轮制加工修整。但总体观察形体并不很规整，尤其是在给器体压印纹饰的过程中用力不匀，造成器体表面凹凸不平和纹样深浅不一，这种现象与夏商时期的陶器是大致相同的。就纹饰而言，水口陶窑生产的陶器所出现的云雷纹与方格纹组合，开启了广东地区几何印纹陶以组合形式出现的先河，是陶器装饰艺术的一种创新。水口陶窑的部分陶器上还见有点彩与划彩，应是新石器时代彩陶器衰退、残余的表现。

周时期的窑址已有更多的发现。牛轭岭陶窑位于梅县畲江镇公和村牛轭岭[七]，是馒头窑，残长1.9米，残高0.6米，宽0.55米。窑内夹杂炭灰、红烧土，四周分布大量印纹陶片，纹样有夔纹、云雷纹、篦点纹、方格纹等，器形以罐类为多。烧制火候高，质地坚硬。

梅花墩陶窑位于博罗县园洲镇塘角村东侧[八]，范围包括五个小土墩。1991年发掘一百多平方米。清理龙窑一座，前窄后宽，壁用土夯筑，全长15米，宽1.5~2.9米，火膛近椭圆形，火道和窑室为斜坡式，尾部已毁。出土陶器有罐、簋、豆、盂、碗、盘、釜以及陶塑牛、羊、鹿、鸡、鸟等，还有陶垫、夔纹印模。陶器以泥质灰陶为主，少量红陶和夹砂陶，纹饰以夔纹为特征，其他有曲折纹、云雷纹、重圈纹、菱形纹、篦点纹、水波纹、弦纹等。此外，出现少量原始瓷豆、盂，胎灰白色，质坚硬。窑址年代为东周，据热释光测定窑址第三、四层出土陶瓷片的年代为距今2920~2680年，当属春秋时期或更早。梅花墩窑址是目前广东省发现的时代最早的龙窑，是研究陶瓷工艺发展的重要资料。

银岗窑址位于博罗县龙溪镇银岗村南面的七座低矮山冈[九]。1996~1999年发掘二千多平方米。堆积最厚1.3米。发现四座龙窑，前为火膛，后为窑室。长10米以上，宽约2米。其他遗迹有灰坑、水沟、柱洞等。从柱洞走向看，可能属于圆形的房址遗迹，很可能是制陶的作坊。文化内涵可分两期。第一期年代大致为西周、春秋，出土陶器以泥质陶为主，器类有罐、鼎、豆、杯、钵、碗、器座、器盖、盒、纺轮、珠、环、垫、印模、动物模型等，纹饰有网格纹、方格纹、夔纹、菱格凸点纹、曲折纹、篦点纹、勾连云雷纹、漩涡纹、席纹、水波纹等，其中有多种组合纹，部分器物可见刻划符号。还有少量施酱色釉，烧造火候高。其他遗物有青铜镞、斧等。第二期为战国时期，出土陶器亦以泥质陶为多，但夹砂陶的比例较第一期高。器类有罐、釜、盒、碗、杯、器盖、钵、鼎、盂、瓿、串珠、璧、瓦、瓦当、纺轮、网坠、垫、印模、环、动物模型等，纹饰有方格纹、米字纹、三角格纹、网格纹、菱格凸点纹、勾连云雷纹、水波纹、篦点纹、弦纹等，也有少量夔纹。组合纹不多，常见水波与弦纹组合。瓦饰方格纹，瓦当为卷云纹，中圈为十字形。刻划符号的种类和数量增多。部分施酱釉或青绿釉。烧造火候很高。其他遗物有铁器锸、斧，铜器斧、矛及石器网坠、砺石等。文化堆积的地层叠压关系确认含"夔纹陶"的遗存早于含"米字纹陶"的遗存。但夔纹陶器是否延续至米字纹陶的出现阶段，则尚未确认。碳十四测定遗址含木炭泥沙样品的年代为距今2390～1930年，对探讨遗址的年代上限与下限有参考价值。

西瓜岭遗址位于增城市太平农场西瓜岭村鬼仔坪[一〇]，1962年发掘110平方米，文化层最厚1.66米。发现两座残破的窑穴，均为龙窑，其中一号窑残长7.6米，宽2米，残高1.54米，前有火膛，窑壁夯打经火烧结。因一号窑打破了二号窑，故二号窑仅残存火膛，长1.72米，宽1.52米，深0.26米。但两座窑出土物相同，建造时间不会相距很远。出土陶器有瓮、罐、缶、釜、瓿、盆、盂、盒、盅、鼎、碗、杯、壶、纺轮、动物塑像及制陶工具陶垫、印模、垫环等。纹饰有拍印的米字纹、复线方格交叉纹、方格纹、云雷纹、席纹等，其中有米字与方格组合纹、复线方格交叉与方格组合纹；刻划的有水波纹、篦点纹、弦纹、条纹，多以组合形式出现。相当器物上有刻划符号，少部分器表施黄褐色釉，烧造火候很高。还有青铜削、砺石等，年代为战国时期。

白石坪遗址位于始兴县太平镇多俸堂村西侧[一一]。1961年发现，1962年发掘约30平方米，文化层厚1.5米。清理陶窑一座，呈椭圆形，已残破，可能属竖穴窑。出土大量陶片，可辨器种有釜、瓮、罐、瓿、盂、盒、碗、杯、鼎等，纹饰以米字纹、方格纹、复线方格交叉纹、水波纹为主，有少量复线方格交叉与方格组合纹，还有云雷纹、篦点纹、弦纹、条纹等多种拍印或刻划纹样，并见15种刻划符号。石器有斧、锛、凿、矛、砺石等。铁器有斧、锸。文化面貌与增城市西瓜岭遗址十分接近，年代亦为战国时期。此外，还有少量饰绳纹的板瓦、筒瓦及一件瓦当，其年代可能晚至汉代。

东周前期的陶瓷器生产可以博罗梅花墩窑为代表。由于升焰式圆形竖穴窑具有规模小、升温慢、产品只能在氧化气氛中烧成等局限性，因此，雏形或初级的龙窑也就应运而出现。博罗梅花墩窑就属于这类初始阶段的龙窑，其窑头和窑床的坡度还不很合理，火道坡度为20度，窑床坡度仅为12度，火道底部有三层不同窑次的硬面，推测是在生产过程中为了改进窑头坡度使之更为合理的举措。梅花墩龙窑较之以往的窑穴显示了规模大、升降温快、能达到较高的温度以及可以维持还原气氛的优点，陶瓷器的烧成温度超过了1200° C。这是广东地区陶瓷生产史上的一次重大变革。梅花墩窑生产的陶器主要是实用的罐、豆、盂、器盖等，品种不多，但以大型器居多。制作虽仍以手制为主，但已普遍使用轮修。器腹由于压印纹饰，仍存在凹凸不平的现象，压印纹样时，在内壁使用陶垫，因垫面上有许多麻点凹窝，故内壁留下凸起的麻点纹。原始瓷器则是轮制为主，手制为辅，显得更为规整。陶器的装饰纹样繁多，普遍使用组合式的几何印纹陶，纹样清晰规整，显示出图案化的浮雕感，具有很高的艺术水平。少量的原始瓷器胎质细密，胎色灰白，是使用风化程度较高的瓷石（高岭土）原料制作，烧成温度为1270°C，施釉属石灰—碱釉，与商周时期普遍使用的石灰釉有所区别，釉色青绿，色泽较深，光泽度不好，釉层不均匀，常不到器底。有一些原始瓷器碎片出土时是与陶器碎片粘连在一起，说明原始瓷器与陶器是同窑烧造的。梅花墩窑生产大量火候高、纹饰精美的陶器和少量高品质的原始瓷器，表明这时期陶器烧造工艺与窑炉技术较前有了显著的进步。

博罗银岗窑址一期文化的年代与梅花墩窑较为接近，属同一考古学文化；二期文化年代在东周后期。目前已发现有四座窑炉，均为龙窑，其结构与梅花墩窑基本相同，但两期文化所属的窑炉尚未能分辨。不过，从两期文化的陶器形态及其烧造技术来分析，还是有相当程度的差异。第一期文化的陶器，以泥质陶为主，夹砂陶较少。多数泥质陶烧造火候较高，质地坚硬。制作方法以手制为主，轮制成形者较少，一般都是以慢轮修整陶器口沿，器壁的凹凸不平现象与内壁的麻点纹均同于梅花墩窑的陶器，陶器纹饰也同样以组合印纹为特征。有少量陶器施酱色釉。二期文化的陶器夹砂陶的比例较一期为高，泥质陶火候高、质地硬的比例与一期基本相同，但制作方法以轮制为主，手制为辅，陶器内壁常见明显的轮旋纹，看来在压印纹样时已不需使用陶垫（发掘简报上所述二期文化的那件垫面有凹窝的陶垫，可能仍是一期文化的遗物），器形较之前期要规整一些，说明制陶技术已有明显的提高。陶器纹饰以压印单一纹样为主体，如米字纹、重方格交叉纹、方格纹等，组合纹多见刻划的篦点纹、水波纹、弦纹。有少数夔纹陶，是否属于一期文化被扰动至二期文化，未能确认。也有一些施酱色或青绿色釉的陶器，数量较一期文化明显增多。对陶器进行理化性能分析表明，质地坚硬的陶器，烧成温度为1050～1150°C，均在还原气氛中烧成；质地较软者，烧成温度为870～950°C，属氧化气氛烧成。以两期文化的陶器比较而言，其烧成温度的优化并不明显，但可以看出努力改良产品质量的轨迹：如以质地坚硬的陶器为例，一期的莫氏硬度最高只到4，而二期的莫氏硬度最高可到5；吸水率最高、体积密度最小的属于一期，而吸水率最低、体积密度最大、显气孔率最低、抗折强度最高的属于二期；质地较软的陶器也有相同的现象，吸水率最高、体积密度最小、显气孔率最高的属于一期，体积密度最大、抗折强度最高的属于二期；釉陶器数量也是二期多于一期。可见二期对陶器品质的改进及烧造釉陶器的努力更成功一些。对釉陶器的分析还表明，其物理性能和烧成情况的各项指标，与质地坚硬的陶器是完全相同的，区别仅在于有釉与无釉，因此，不宜称为“原始瓷器”。这些釉陶器胎釉结合普遍欠佳，剥落明显，釉质均属于石灰釉，由于Fe_2O_3含量均大于5%，TiO_2含量大于1%，故色调偏黑，色度偏暗，多无光泽或光泽不强。总体观察，这些陶器无论是质地坚硬或是较软，无论有釉或无釉，其坯体原料相同，化学成分相似，其物理性能的差别是由于烧成温度与气氛的不同所形成，而每个窑炉在每一次烧窑的过程中，坯件放置于窑床中的不同位置所受温度与气氛就不尽相同，由此，可以认为，同一期文化的陶器有可能是同窑烧造的。还有一个值得注意的现象是，银岗遗址与梅花墩窑址相隔并不远，两地窑炉结构也基本相同，与银岗遗址一期文化大体同期的梅花墩窑址已有生产原始瓷器，这种产品为何不见于银岗遗址呢?我们认为可能是银岗遗址没有瓷土的缘故，因为烧制釉陶器与烧制原始瓷器在技术上是基本相同的，两者的差异点是坯体的化学成分有所不同，共同点则是都施釉。此外，增城西瓜岭遗址的龙窑与银岗遗址的龙窑属同一类型，陶器的烧制技术、种类、纹饰及施釉与银岗遗址二期文化大同小异，属同一生产体系的窑场。

从上述情况可以推定，梅花墩窑址、银岗遗址、西瓜岭遗址三地位置毗邻，是东周时期东江下游地区相当繁荣的陶业生产基地，邻近地区出土与之相同的陶器，很可能都是这几处陶窑的产品。另外，在粤东北地区的五华屋背岭遗址出土有陶垫，说明那里也有制陶作坊的存在，其文化面貌与时代接近于梅花墩窑址；在粤北地区的始兴白石坪遗址，发现有残坡的窑床，观察其结构可能属椭圆形的竖穴窑，陶器烧制的火候也较高，质多坚硬，制作技术、形制、纹饰与西瓜岭遗址最为相近，釉陶器数量则多于西瓜岭遗址，它们的年代也应大致相同。可见东周时期广东各地的陶器生产已呈现出大同小异的面貌，其社会发展进程也应大体相同。

2. 汉晋时期的窑址

海幢寺窑址位于广州市珠江南岸[一二]，年代为两汉时期。发现有窑场的废弃物堆积，出土垫饼和支垫等窑具。烧制的器物有汉代常见的瓮、罐、壶、灯魁、陶俑和云纹瓦当、绳纹板瓦、筒瓦等，未见窑穴，故窑内结构不明。广州是南越国的都城，汉代遗存至为丰富。海幢寺窑址的发现，对了解当时的陶器制作水平具有重要的意义。汉式陶器的生产，也是岭南地区汉越文化走向融合的标志。

蒲杓岭陶窑位于高州市新垌镇书房园村后的蒲杓岭[一三]，年代为汉代，属竖穴窑，已发现两座。窑体依山挖入，窑室平面呈椭圆形，长2.3米，宽1米，后壁有一条方形烟槽。窑室前有火膛，长0.7米，宽0.35米，弧底。顶部呈半圆形，有厚达0.1米的烧结层。烧造的陶器火候很高，器类有沿内带耳圜平底釜、直身平底罐、圜底钵等，罐类饰水波纹。高州境内这类陶窑很多，可见于新垌、长坡、东岸、大潮等地，有的窑体长达4米，宽2米左右，烟道2~3条，排列数座，结构基本相同。烧制的产品以土著陶器为主，也烧制砖瓦。有的窑穴年代可能晚至宋代，烧制碗、碟等日用瓷器。

杏花陶窑位于封开县杏花镇下营村长岗顶山[一四]，年代为南朝，清理四座椭圆形馒头窑。窑穴依山构筑，窑间相距较近，有的仅相隔1.5米。窑顶已塌，窑壁残高0.1~0.6米，经高温烧烤形成厚0.04~0.05米的坚硬红烧土层。有窑室和火膛，窑室作圆角长方形，底部呈斜坡式，坡度在17~23

度之间。后壁呈弧形，右侧有一条直径为0.12米的圆形烟道。火膛呈半圆形，比窑室低0.42~0.74米，与窑室相接处呈弧形，平底。火膛前端有窑门，宽0.34~0.66米，窑门外有一段长0.1~0.6米的小通道，窑长3.3米。出土遗物有陶器罐、釜、锅、钵以及支脚、垫座等，其中釜、钵类外壁拍印方格纹。

广东发现汉晋时期的窑址还较少，还不能由此而了解其全貌。对于此时的陶瓷器制作，只能从墓葬和遗址出土的器物窥其一斑。汉晋时期有很多施青釉的陶器，或称青釉器，因胎釉多结合不好，釉极易脱落。也有少量胎釉结合较好，这是瓷器真正烧制成功前的雏形。

3. 唐至清时期的窑址

广东的唐代窑址分布很广，在潮州、韶关、郁南、新会、高明等地，都有唐窑址。印度尼西亚曾出土有中国的唐代陶瓷器，经对比研究，应为唐代广东窑的产品。但总体来看，唐代广东窑的产品质量还不是很高，胎质不够细腻，白度不够洁净，胎釉结合不是很好，釉质较易脱落，整体的工艺水平比较低。

1957年发现的官冲窑位于新会市古井镇官冲村瓦片岩（碗碟埔）与碗山两地[一五]，年代为唐代中晚期，1961年和1997年进行了两次发掘。在碗山清理馒头窑多座，窑室有大有小，底部或平或斜，其结构由窑门、火膛、窑床、烟道四部分组成，窑顶已塌毁。有的窑壁是耐火土构筑，有的窑壁用砖砌，两种窑有打破关系，证明前者早于后者。瓦片岩多见废弃品堆积，厚达1.5米，产品均为青釉瓷器，属南方青瓷系统，多是日用器皿。但在窑址堆积出土者多为被废弃的残次品，火候多在1100°C以内，用泥块垫烧。器身多施半釉，釉层厚易脱落，有釜、碗、碟、盏、豆、罐、盂、盆、钵、杯、壶、勺、砚等器物及人物塑像等。数量之多，为广东唐窑之最，其中以碗、碟类最多，另外还有陶网坠等。部分器身有陶工的姓氏印记。窑址地处崖门水道，产品方便外销。

雷州茂胆窑群位于雷州市沈塘镇茂胆村，靠近通明河[一六]，年代为唐代。共有窑址堆积物五处，分布于茂胆村旁、余下村东坡及附近小村，均属龙窑，但未作清理。出土器物有瓷器碗、盘、碟、豆、罐、小马等，均施青黄釉，有垫烧痕迹，用平底圆筒形匣钵装烧。

南江口陶瓷窑群位于郁南县南江口镇木格村、南瑶村、南渡村一带，多靠近西江或南江河的山冈[一七]，年代为唐宋时期。木格村水瓜口尚存十多座窑址，属马蹄形馒头窑，遗物堆积厚1米多。出土器物有六耳罐、四耳罐，施黑釉，胎厚重，其他还有网坠、弹丸等器物。南瑶村龟嘴山与南渡村虾捞山分别发现有龙窑，长约30米，窑顶已塌毁，堆积厚0.8~4米。两地出土器物基本相同，瓷器有碗、碟、壶、杯、盆、炉、灯、钵、匙等，胎质较白，多为青釉，少量为青白釉，均开冰裂纹，施釉大多不到底，器足底露胎，其他还有漏斗形匣钵、垫座、垫环、渣饼等窑具。此外，附城古平村、白木村均冲、罗旁镇罗子村小山冈、冲口村大山脚等西江沿岸多处山岗，也有同类窑址。

1982年发现的水车窑位于梅县水车镇瓦坑口南坡[一八]，南距梅江河30米，年代为唐代晚期至五代。1985年发掘的两座窑，属馒头窑，由半圆形火膛、窑室、烟道三部分组成，窑室底部呈斜坡状，火膛低于窑室，窑尾端较窄。出土陶器有碾轮、匣钵；瓷器有碗、碟、盘、盆、壶、枕等，多数施青黄釉，部分瓷胎细腻，呈青灰色，器里外施青灰色或青中泛绿釉，碗、碟类流行花瓣形口，璧形足。同类器物曾在泰国出土。在广州的南越国宫殿遗址中，发现了南汉国的宫殿遗迹，其文化层中出土水车窑系的瓷片，引起了考古人员的关注。基于此，研究人员将水车窑的年代定为晚唐至五代南汉时期。由于以往未将潮州唐代的窑址进行详细分期，与水车窑产品相同的瓷器也未详加分辨。但近来已对这种情况给予重视，陶瓷学者与考古学家已意识到潮州唐窑中包含有与水车窑系的瓷器，其年代下限也应晚至南汉时期。由此而使潮州宋代青白瓷器与水车窑系青瓷器的发展关系得到更多的启示。在唐五代已经比较成熟的青瓷器基础上，受到南方地区浙江、江西、福建等地青白瓷窑的影响，以笔架山为代表的宋代潮州窑的出现与发展也就可以完全理解并顺理成章。在和平、博罗等地所见的水车窑系瓷器，应是从梅县或潮州输出的产品[一九]。

宋代潮州窑以笔架山窑址最为重要[二〇]。在潮州城东的韩江东岸笔架山上遍布瓷片和匣钵碎片，有"百窑村"之称。已先后清理发掘了十座窑址，窑穴均属龙窑（包括阶级窑），窑室内部用砖砌筑隔墙。最长的一座为10号窑，残长79.5米。潮州宋窑的产品以白瓷为主，器类有碗、盏、盆、钵、盘、碟、杯、灯、炉、瓶、壶、罐、盂、粉盒、人像、动物玩具等，釉色有白、影青、青、黄、酱褐等多种。特点是釉质晶莹润泽，釉层较薄，一般不开片或极细的鱼子纹片。纹饰以划花为主，还有雕刻和镂孔。北部猪头山一带多生产美术瓷，釉色多样；韩山中部主要生产影青瓷和青釉瓷；粉丝厂后山一带多见黑釉、酱釉产品。器物中有相当数量的观音、佛像以及小洋人、哈巴狗，说明产品远销国外。日本、东南亚也曾出土笔架山窑的产品。笔架山窑出土的一件瓷佛像，刻有"治平三年丙年岁次九月一日题"、"水东窑"等文字，证明这里就是古籍文献中所记载的水东窑，年代为北宋。此外，发现一座宋墓打破了5号窑，墓中出土的铜钱几乎包括所有的北宋帝号钱，而在窑中的堆积物出土一枚"元丰通宝"，表明该窑的废弃时间不会早于北宋元丰（1078年）。这座打破宋窑的宋墓表明，笔架山宋窑的废弃年代应在1078～1101年之间。关于宋代潮州窑的最早年代，从潮州窑产品的风格和形态，应属北宋早期，而目前所见的绝对年代，潮州南郊宋窑中出土的一件陶压锤，刻铭"皇祐二年"，即公元1050年。又以笔架山的一座唐仪凤四年（即679年）墓所出器物与潮州南郊、北郊唐窑的瓷器相同[二一]，由此推断，潮州宋窑最早始于北宋初年应无疑问。

实际上，与笔架山窑同一时期的宋窑，在潮州的北郊与南郊也有分布，只是由于笔架山窑穴数量多、分布广而更为出名，当地曾被称之为"百窑村"，故此更为考古学家所关注。潮州的北郊与南郊的宋窑与唐代的窑址同处一地，相距很近，二者有十分紧密的关系，或者说，有承传的关系。因为唐代窑址中所见的青釉瓷，与宋窑中所见的青白瓷非常接近。值得注意的是，潮州唐窑的一些产品，与梅县水车窑的同类产品是相同的，有的甚至于无分你我，如出一窑。因此，两地的唐代窑穴可认为属同一窑系。一般地说，潮州宋窑的青白瓷更多的是受到江西景德镇宋瓷的影响，但不能否认，潮州唐窑应是潮州宋窑发展的基础。这样解释潮州宋窑的源起或许更为客观和接近历史的真实。水车窑的年代近年被认为属于晚唐至五代，也就更接近北宋，因为在广州的五代南汉皇陵墓[二二]中出土有水车窑系的瓷器，这更有力地解读了水车窑系与宋代潮州窑的演变关系。

惠州窑头山窑[二三]，位于惠州市东平窑头山，北面有东江，西南为西枝江。清理窑炉一座，为斜坡阶级式龙窑，残长4.69米，宽2.76～3.16米，残高1.6米，窑室用双隅砖平放顺砌，窑底用黄褐色沙土夯打。窑具及制作用具有匣钵、垫饼、垫环、试片、擂钵、坎臼和杆、铜片等。烧造的瓷器产品有碗、碟、盏、杯、盅、罐、壶、瓶、炉、器盖、枕、小狗及一些雕塑等，釉色以青釉为主，还有酱褐釉、酱黑釉、青白釉（影青）及少量白釉。器表装饰有印花、刻划、雕塑、镂孔等，花纹有缠枝菊花、缠枝牡丹花、卷草、蕉叶和凸雕莲瓣纹等。出土的铜钱最晚为南宋"建炎通宝"。建炎的最后一年为公元1130年，可见其废弃时间也与潮州宋窑大体同时。

封开都苗窑群位于封开县长岗镇都苗周家村[二四]，年代为北宋。窑址范围较大，主要分布在村南的猪墩、十分窑、天后宫、张山涌、龙湾等地。沿江的低矮山冈上多见破碎的窑具和瓷片，各处窑址相距数百米，堆积厚3～4米。2004年清理一座龙窑，烧制的瓷器以碗为主，还有盘、碟、盏、杯、炉、罐、瓶、钵、壶等，釉色以青釉为多，有深有浅，深者呈青绿色；也有粉青釉，釉色光滑，呈冰裂纹，施釉大多不到底，烧造火候高。总体观察，器物风格与广州西村窑、潮州笔架山窑较为接近。

梅县瑶上窑[二五]，位于梅县瑶上镇郭屋村碗窑窝，年代为南宋，1985年发掘。窑炉结构为龙窑，产品为瓷碗、碟、盘、盏、盅、壶及部分窑具，瓷器施青白釉、青釉、酱釉，以青釉为主。碗心一周刮釉，叠烧法烧成。少量青白瓷碗、碟的内壁刻花、印花，纹样有牡丹、飞凤，以回形纹作边饰，使用覆烧法，有芒口，与北方的定窑系瓷器烧制方法相同，省内少见。从年代和产品内涵看，是宋代潮州窑的继承。宋代潮州窑衰亡之日，正是瑶上窑发展之时。

南雄莲塘坳窑位于南雄市全安乡陂头莲塘坳村[二六]，年代为宋代。窑址分布于村的四周，面积1万平方米，有10条窑，均属馒头窑。窑依山坡而筑，堆积物厚1～3米。出土瓷器主要有青白瓷，器类有碗、碟、盘、壶、瓶等，以碗为主要产品，胎薄，釉质细腻光洁。遗物还有匣钵、垫饼、垫环等窑具。

广州西村窑位于广州市西村增埗河东岸岗[二七]，年代为北宋。皇帝岗是西村窑场的主要遗存，堆积高约7米。发现一座龙窑，残长36.8米，拱顶已毁，窑身中部最宽4米，窑首尾稍收窄，窑床铺沙，坡度13度，窑的前端有火膛及火门。烧制的产品分粗瓷和精瓷两类，以前者为主，后者有青白瓷。釉色以青釉为主，黑酱釉为次，还有少量低温绿釉。器类有碗、盏、碟、盆、执壶、凤头壶、军持、罐、盒、唾壶、注子、净瓶、灯、薰炉、烛台、枕、雀食、碾轮、漏斗、埙，及狗、马等陶塑；纹饰有刻划花、印花、彩绘、点彩和镂孔等。部分器物是仿耀州窑，如橄榄青釉印团菊和缠枝菊纹的碗、盏、碟、大盆；而周边刻花，盆心绘酱褐色釉菊纹或牡丹的青白釉大盆则是西村窑特有的产品。西村窑烧制的瓷器在南海西沙群岛及东南亚、菲律宾、印尼等地都有出土或传世，是当时岭南地区生产外销瓷器的重要窑场。

阳春缸瓮涌陶窑位于阳春市岗美镇新埠村缸瓮涌的及杯岗、瓦窑岭一带[二八]，年代为宋代，分布面积5000平方米，1983年试掘。堆积层厚0.5～1米，含大量陶片、窑具等遗物。陶窑均为龙窑，残存10座，坐北朝南，窑壁用砖砌筑。出土陶器有壶、执壶、罐、盘、网坠、罇等，还有建筑构件龙首、龙吻、筒瓦等。烧制火候较高，胎质坚硬，部分器物施黑釉或酱黄釉。

丰顺九河窑位于丰顺县留隍镇九河村[二九]，年代为宋代，1983年发现，分上窑和窑下两处，分布面积1.2万平方米。上窑有一座龙窑，残长9.8米，宽2.2米。堆积中含大量瓷片，器类有瓶、碗、杯、碟、盆等，瓷质洁白，部分为印花白瓷，其余者为白釉素面。

雷州公益窑位于雷州市纪家镇公益圩旁[三〇]，年代为宋至元，1984年发现，1986年发掘，属龙窑。清理的一座窑残长18.7米，其中火堂2.68米，窑室残长16.02米，火膛与窑室之间有火墙相隔。附近有含陶瓷片的堆积，最厚达3.36米。出土窑具有匣钵、垫环、压锤、石碾槽等，瓷器有碗、盘、碟、炉、杯、钵、壶、瓶、罐、枕等，胎灰白色，施青白釉或酱褐釉，有的呈冰裂纹。部分碗的内底模印莲花纹、菊花纹，有的碗内底有四个垫烧痕迹。瓷器中以釉下褐色彩绘最具特色，如口部绘卷草纹的钵、口沿点褐彩的碗；罐类的肩部与腹部绘莲瓣纹、钱纹、卷草纹、折枝菊花纹等，有的还题写"金玉满堂"、"积善之家　必有余庆"等吉祥语；枕类作如意形，边饰卷草纹、钱纹，中部饰折枝菊花或花鸟纹。这些褐彩瓷器与雷州市宋元墓葬所出同类器完全相同，应属同一时期及同一窑系的产品。

遂溪下山井窑群位于遂溪县杨柑镇下山井村西[三一]，年代为宋元时期。沿海岸线尚存十余座窑，产品以青釉瓷为主，褐色釉次之。器类有碗、盏、杯、盆、钵、盘、碟、炉、瓶、壶、罐、砚等。盘、碟的形制较多，有花瓣口、折沿、扭花唇、平唇等多种。纹样有刻花、印花、褐色彩绘等。一件碗范有元代"大德九年"的铭文。部分瓷器采用大小相叠垫烧方法，并置于匣钵内烧制。

五华龙颈坑窑[三二]，位于五华县华城镇河子口老柏塘山南坡，年代为南宋至元。据调查，南坡分布有五座龙窑，产品主要是瓷碗、盘、碟、盏、灯盏、杯、壶、罐、擂盆、器盖等，以碗、盘、盏为大宗。瓷质坚硬，洁白，釉色以青釉为主，包括青黄、青绿、青白等，个别为酱釉。该窑主要年代在南宋，至元代期间废弃。

五华滑塘坳窑位于五华县油田镇新兴村滑塘坳[三三]，年代为明代，当地村民称作"碗窑迹"。在油田河边发现八条龙窑，可见窑壁和烧结层。堆积层厚1米多，遗物有罐、碗、盘、壶、碟、钵、豆、杯、灯等瓷器及匣钵、垫饼等窑具。器胎厚重，施青釉，外壁多刻划水波纹、菊瓣纹、莲花纹等，盘、碗的内壁多印有文字如"福"、"寿"、"玉"或花卉图案，属仿龙泉窑系产品。

大埔鱼鲤村窑位于大埔县三河坝镇鱼鲤村三斤税山坳[三四]，年代为明代中期，1986年发掘。清理一座阶级式龙窑，窑壁用泥砖叠砌，火膛和窑尾已被毁，残长6.32米，宽2.8米，窑室分三间，每间有砖墙相隔，各间窑底的坡度均不同。出土瓷器有双耳瓶、罐、碟、碗、三足炉等，釉色青灰或青绿色，碟内底多印吉祥文字，是一处仿龙泉窑的瓷窑。

大埔光德窑位于大埔县光德镇[三五]，年代为清嘉庆、道光年间，1987年发掘。在九社下窑清理一座窑炉，属阶级式龙窑，残长8.72米，宽4.28米，窑内分三间，每间有砖墙相隔，下面设有火孔，尾间后壁有14个烟口。富岭柯树坷清理一座窑，用泥砖结砌窑壁，长2.5米，宽3.74米，前端有一条横长方形火沟，前后壁各设一排九个通风口或烟道。两地烧造的瓷器产品大致相同，主要有碗、碟、烟斗等，青花纹饰有山水、花卉等。在大埔高陂、饶平三饶九村[三六]以及澄海鸡笼岗、惠来石榴溪、揭西河婆[三七]也发现有烧造青花瓷器的窑址，年代应在明清时期。考虑到粤东的青花瓷器生产工艺是由江西景德镇窑工传入，同样属于漳州窑系，其年代应在万历年间。潮州出土的一件青花缠枝花卉纹盖罐，其底款为"万历五年丁丑"[三八]可为一证。但在青花瓷器生产之前，其中有的窑址（如饶平三饶九村）在明万历以前已在生产龙泉窑系的青釉瓷器。而在民国时期，大埔、饶平的青花瓷器仍在生产。在东莞青溪、香港新界之大埔也有青花瓷窑，应是从粤东所传。其后，青花瓷器生产技术向粤西传播，在高州也可见到民国时期生产的青花瓷器，可以由此窥见青花瓷器在广东的发展历程。

二、佛山古陶瓷的发展

1. 佛山早期的陶业

佛山地区因不见唐以前的窑址，故只能从考古发现的其他资料来予以观察。南海西樵山有一组遗址群，有20处以上，有学者命名为"西樵山文化"[三九]，考古年代为新石器时代中期至青铜时代。其中一类是打制双肩石器的遗存，铁泉岩、藏书岩是采石点，其他地区是石器的打制场所。出土陶器很少，主要有釜、罐，饰绳纹、篮纹、划纹、曲折纹、叶脉纹、方格纹等，年代跨度很大，最早的约6000年前，晚期可能在3000年前。

灶岗遗址位于南海九江镇大同[四〇]，年代为商时期。出土陶器以泥质陶为多，夹砂陶较少，器类有釜、罐、豆、盘、钵、鼎、支座、纺轮等，纹饰有方格纹、曲折纹、叶脉纹、云雷纹、绳纹、乳丁纹、水波纹、席纹、篮纹、网格纹等，少量器物有镂空、彩绘、戳刺等装饰。碳十四测定遗址的贝壳标本年龄为距今5404年。

高明古椰遗址面积达数万平方米，已发掘面积一千多平方米，出土陶器有釜、钵形釜、圈足盘、罐、钵等，饰绳纹、刻划水波纹、半圆寰纹等，其中最具特色的是圈足盘内壁多见放射状彩条纹，这是彩绘陶器衰落期的遗留。年代约在新石器晚期至商，距今4000～3500年，是探讨珠三角地区古环境及与粤西北地区古文化关系的新资料[四一]。

银洲遗址位于三水白坭镇银洲村豆边岗[四二]，年代为新石器时代晚期后段至青铜时代早期，面积2.5万平方米。文化内涵分三期，第一期陶器有釜、罐、豆、鼎，烧造火候不高，纹饰有细斜条纹、条纹、粗线叶脉纹，鼎类仅个别出现，是受石峡文化因素影响的产物。第二期陶器有釜、豆、圜底罐、圈足罐、器座、纺轮等。纹饰以曲折纹为主，还有云雷纹、叶脉纹、复线长方格纹等十多种。第三期陶器新出现凹底罐、广肩罐、细把豆、盘、大口高领尊、有流器等，纹饰有叶脉纹、复线长方格纹、双线方格纹、方格纹、双线方格凸点纹等。

河宕遗址位于佛山禅城区澜石镇河宕旧圩[四三]，年代为新石器时代晚期至青铜时代早期。面积1万平方米，出土陶器有釜、罐、壶、豆、盘、盂、纺轮，器形多见圈足器、圜底器，晚段出现圜凹底器。纹样以几何印纹陶为多，其中以曲折纹为主，其他有方格纹、叶脉纹、云雷纹、S形纹、凸点或凸格纹，已出现云雷与曲折或方格组合纹样，部分纹饰显然仿自青铜器，也有少量赭红色彩绘的条形或带状彩，陶器上还见一批刻划符号。碳十四测定遗址的贝壳标本为距今5085～4905年，而人骨标本则为距今3800～3600年，与遗物特征的分析相比较，贝壳标本的测定年龄显然偏早，而与人骨标本的测定年龄较为接近。

鱿鱼岗遗址位于南海西樵山西岸村东南[四四]，年代为新石器时代晚期至青铜时代早期，面积1800平方米。文化内涵分两期，第一期文化的陶器有釜、豆，属新石器时代晚期。第二期文化的陶器有釜、罐、盘、豆、器座、纺轮、制陶垫等，纹饰有叶脉纹、云雷纹、复线方格纹、绳纹，以曲折纹为主。石器有锛、斧、凿、镞、矛；骨器有锥、镞、梭、环以及獐牙束发器，属夏商时期。该遗址对探讨珠江三角洲地区从新石器时代向青铜时代过渡演变有重要意义。

上述几处遗址的出土陶器，反映了佛山地区早期制陶业的生产情况，它们与周边地区同时期的考古文化有着密切的关系，为进入后期陶瓷业的发展奠定了基础。

佛山地区的汉遗址很少，只在顺德逢简有发现，墓葬则在禅城的澜石、南海、顺德、三水等地有一些发现。出土多为陶器，墓葬中可见房屋模型、作坊、井、灶、猪、牛等。澜石的一座东汉墓，出土一件陶水田模型器，生动显示了农业在当时得到的重视。这些陶器是否在佛山制作，尚难以确认，但佛山有制陶的传统则是可以肯定的。

2. 唐代以来的佛山陶瓷业

据考古资料表明，佛山地区自唐代起就有窑址。大岗山窑群位于高明荷城大岗山[四五]，年代为唐代。1986～1987年发掘的两座瓷窑，依山构筑，属龙窑。其中一号窑仅存窑室中段，残长9.55米，宽2.8米，窑壁下部夯土，上部用砖砌筑，底部铺一层垫泥。二号窑可见窑室、火膛、窑门，残长9.06米，宽2.4米，窑壁用砖结砌，窑室底部有垫座，火膛比窑室低0.6米，窑门有两组通风口。器皿主要有罐、碗、碟、杯，轮制成形，施青绿色釉或酱褐色釉。碗、碟类多为饼形足或璧形足，内底多有四个垫泥痕迹。

佛山禅城石湾的大帽岗山发现有唐宋时期的窑址堆积物[四六]，窑穴情况不明，出土的唐代陶器为施青釉和酱黄釉的碗、盘、罉、炉；宋代陶器则有青釉、青黄釉、黑釉、酱黑釉和酱黄釉等，器物有的碗、盘、盏、壶、罐、盒、罉、埕、沙盆、兽头塑像等，还有闸钵、垫环、试片等窑具，说明其生产已有相当规模。

南海发现有文头岭"官窑"和奇石窑[四七]。据调查所见，文头岭窑亦属龙窑，烧造的瓷器釉色以青中带黄为主，还有黄褐、紫黑等釉色，器物主要是碗、盆、罐、杯等，具有唐、五代的风格。奇石窑位于南海小塘镇奇石村一带的多个山冈，据初步观察，有龙窑和圆形的馒头窑，烧造种类主要有罉、罐、盆、盘、碗、碟、杯、壶、瓶、盏等，以施青釉和酱黄釉为主，也有少量属窑变釉。装饰手法有印花、刻划和彩绘。彩绘以铁锈色釉料为主，也有深褐色墨彩。纹样以菊花、卷草最多，也有人物、图案、兰草、水草等，器形以盘、盆、瓶、罐为多。属于奇石窑烧造的最为典型的器物是在佛山澜石鼓颡岗出土的一件彩绘人物瓶[四八]。器肩下一周缠枝花卉，器腹一周四个人物形象，服饰一样而动作表情不同，生动地表现了从喝酒开始，到醉后入睡的过程，描绘手法传神逼真，将酒香人醉的情景刻划得惟妙惟肖，是非常难得的艺术品。在窑址的堆积物中，有的器物拍印有"嘉祐"及"政和六年"等年款，说明奇石窑的年代为北宋时期。

上述几处窑址，与明清时期的石湾窑有承传和发展的关系。

明清时期的佛山石湾，以"石湾瓦，甲天下"而闻名，被誉为南国陶都。一般认为，石湾窑是在唐宋陶瓷制作的基础上发展而来，至迟在元代开始出现。有学者认为文灶和大灶（即今同庆灶）始于元代[四九]。元人汪大渊《岛夷志略》中所列与外国交易的货物除瓷器外，还有水埕、大埕、瓦罐、瓦瓶、粗碗等生活必需品；周达观在《真腊风土记》中记述当地人"盛饭使用中国瓦盆或铜盆"，"饮酒用瓦钵"。北宋至元，广州及附近地区的窑场大都生产瓷器，唯有石湾窑生产陶器日用品，由此推断，在广州输出的陶器中应有不少是石湾窑产品。现时仍保存较好的南风古灶和高灶陶窑[五〇]，位于佛山市禅城区石湾镇高庙路，始建于明正德年间，延续使用至现代。窑体属龙窑，依山势而筑。南风灶因窑向正南，故名。窑腔似隧道，用小型砖结砌，顶部为券顶，厚约0.25米。窑内平面呈船底形，长34.4米，高0.8米～1.94米；设有四窑门，高1.4米，宽0.7米，作各段出入窑之用；窑面共29排火眼。高灶窑长32.16米，高1.34米～1.78米，窑面共26排火眼，窑温在800～1300° C之间。四百多年来，窑体虽经多次修补，但结构基本保持旧貌。产品胎质厚重，釉厚而光润，善仿"钧窑"，具有窑变釉的艺术效果，主要生产日用器皿、建材及陶塑。

褐釉陶与酱釉陶都是石湾窑的日用陶器的特色，它与唐宋时期佛山地区的制陶工艺传统是密不可分的。石湾窑的日用器皿在岭南地区有很大的影响，并成为两广地区及海外的主要生活商品，屈大均《广东新语》载"石湾之陶遍二广，旁及海外之国，谚曰'石湾缸瓦，胜于天下'"[五一]，这正是石湾窑陶器载誉海内外的写照。即使是20世纪六七十年代，广府地区的人都有到佛山购买沙煲及碗、碟等日用陶瓷的传统习惯。建材用品也是如此，石湾窑制品在同类产品中占了相当大的分量。石湾窑的陶塑艺术更是久负盛名，历代都涌现出一批著名的陶艺大家，他们以高超的技艺创作出一批批经典之作，使海内外许多私人收藏家及博物馆，均以收藏石湾"公仔"（人物与动物陶塑）为荣。其中石湾陶塑的脊饰十分有特色，主要装配于庙宇、祠堂等主体建筑上，包括正脊、垂脊和看脊三类。正脊以双面为多，捏塑的主要系历史（戏剧）人物或神话故事；垂脊则多为花卉鸟兽图案；看脊为单面，兼及前述两种内容。有些脊饰造型生动、奇特，丰富多彩，尤以人物造型极具特色，也最具艺术价值和社会意义[五二]。既是石湾窑陶瓷制品的精华所在，也是广府文化中的重要组成部分。

三、结语

本文简要概述了广东各时期的窑址考古情况，限于篇幅，不可能对窑炉的结构以及烧造的产品内涵作更多、更为详细的分析与研究，但其发展脉络是显而易见的。从石器时代的竖穴窑、横穴窑到历代的馒头窑，这是窑炉发展的一个侧面，馒头窑在唐宋瓷器生产上还起着相当大的作用。龙窑出现于周时期，早期的龙窑还不是很长，一般在10米左右，到宋代发展演变出现了阶级窑，最长的达79.5米，但阶级窑只在宋代存在了一段时间，宋以后就基本不见。常见的龙窑则发展到近现代。广东的陶器在距今一万年左右出现，到周时期出现原始瓷器，汉晋时期青釉器奠定了瓷器的发展雏形，唐代瓷器则奠定了当代瓷器的基础，宋代是广东瓷器的成熟期，青白釉瓷器成为广东主要的外销产品，而后褐彩瓷又登上了历史舞台。在江西景德镇瓷器的影响下，明清两代青花瓷器逐步成为市场的宠儿，但不应忘记以"广钧"、"泥钧"扬名于世的石湾窑产品独树一帜，成为代表岭南陶瓷的"广窑"，为广府文化的发展增添了丰富的内涵。

［一］　邱立诚等：《英德云岭牛栏洞遗址》，《英德史前考古报告》，广东人民出版社，1999 年版。

［二］　广东省文管会、华南师范学院历史系：《广东曲江鲶鱼转、马蹄坪和韶关走马岗遗址》，《考古》1964 年第 7 期。

［三］　魏峻：《普宁市虎头埔新石器时代窑址发掘报告》，《揭阳考古》，科学出版社，2005 年版。

［四］　杨式挺等：《广东封开县杏花河两岸古遗址调查与试掘》，《考古学集刊》第 6 集，中国社会科学出版社，1989 年版。

［五］　广东省地方史志编纂委员会：《广东省志·文物志》，广东人民出版社，2007 年版，第 138～144 页。

［六］　广东省博物馆：《广东平远县西周陶窑清理简报》，《考古》1983 年第 7 期。

［七］　同注［五］。

［八］　广东省文物考古研究所等：《广东博罗县园洲梅花墩窑址的发掘》，《考古》1998 年第 7 期；参阅邓宏文：《广东博罗银岗遗址陶片化学成分、物理性能分析研究》，《广东省文物考古研究所建所十周年文集》，岭南美术出版社，2001 年版。

[九] 同注〔八〕。

[一〇] 莫稚等:《广东增城、始兴的战国遗址》,《考古》1964 年第 3 期。

[一一] 莫稚:《广东始兴白石坪山战国遗址》,《考古》1963 年第 4 期。

[一二] 广州市文物考古研究所:《广州海幅寺汉代窑场遗址的发掘》,《考古学报》2003 年第 3 期。

[一三] 同注〔五〕。

[一四] 同注〔五〕。

[一五] 广东省文物考古研究所等:《广东新会官冲古窑址》,《文物》2000 年第 6 期。

[一六] 同注〔五〕。

[一七] 同注〔五〕。

[一八] 杨少祥:《广东梅县市唐宋窑址》,《考古》1994 年第 3 期。

[一九] 邱立诚等:《寻找潮州宋窑的来龙去脉》,《南国瓷珍——潮州窑学术研讨会论文集》,香港中文大学文物馆,2012 年版。

[二〇] 李炳炎:《宋代笔架山潮州窑》,2003 年;黄玉质、杨少祥:《潮州笔架山宋代窑址》,《考古》1983 年第 6 期;潮州市文管办:《笔架山潮州窑遗址十号窑简介》,《汕头文物》1986 年第 12 期;曾广亿:《潮州唐宋窑址初探》,《潮州笔架山宋代窑址发掘报告》,文物出版社,1981 年版。

[二一] 同注〔二〇〕。

[二二] 商承祚:《广州石马村南汉墓葬清理简报》,《考古》1964 年第 6 期。

[二三] 广东省博物馆等:《广东惠州北宋窑址清理简报》,《文物》1977 年第 8 期。

[二四] 何纪生等:《广东封开县都苗宋代窑址调查》,《文物》1975 年第 7 期。

[二五] 同注〔一八〕。

[二六] 同注〔五〕。

[二七] 广州市文物管理委员会等:《广州西村窑》,香港中文大学中国文化研究所中国考古艺术研究中心,1987 年版。

[二八] 同注〔五〕。

[二九] 同注〔五〕。

[三〇] 湛江市博物馆:《雷州窑瓷器》,岭南美术出版社,2003 年版。

[三一] 同注〔五〕。

[三二] 广东省文物考古研究所等:《广东五华县华城屋背岭遗址与龙颈坑窑址》,《考古》1996 年第 7 期。

[三三] 同注〔五〕。

[三四] 同注〔五〕。

[三五] 同注〔五〕。

[三六] 何纪生等:《广东饶平九村青花窑址调查记》,《中国古代窑址调查发掘报告集》,文物出版社,1984 年版;杨少祥:《广东青花瓷器初探》,《亚洲古代瓷窑技术》,香港大学,1990 年版。

[三七] 冯素阁:《明清时期的潮州窑青花瓷—以潮州窑为中心》;陈景熙、蔡英豪:《试论明清时期闽粤赣边经济区中的潮州陶瓷业——以澄海鸡笼山出土陶瓷残片为例》,《南国瓷珍——潮州窑学术研讨会论文集》,香港中文大学文物馆,2012 年版。

[三八] 同注〔三七〕。

[三九] 杨式挺:《试论西樵山文化》,《考古学报》1985 年第 1 期。

[四〇] 广东省博物馆:《广东南海县灶岗遗址发掘简报》,《考古》1984 年第 3 期。

[四一] 崔勇：《广东高明古椰贝丘遗址发掘取得重要成果》，《中国文物报》2007 年 1 月 12 日；邱立诚：
　　　　《广东文物考古三十年·概述》，《广东文物考古三十年》，暨南大学出版社，2009 年版。

[四二] 李子文：《广东三水市银洲贝丘遗址发掘简报》，《考古》2000 年第 6 期。

[四三] 广东省博物馆等：《佛山河宕遗址》，广东人民出版社，2006 年版。

[四四] 广东省文物考古研究所等：《南海市鱿鱼岗贝丘遗址发掘报告》，《广东省文物考古研究所建所十
　　　　周年文集》，岭南美术出版社，2001 年版。

[四五] 杨少祥、崔勇：《广东高明唐代窑址发掘简报》，《考古》1993 年第 9 期。

[四六] 广东省文物管理委员会：《佛山专区的几处古址调查简报》，《文物》1959 年第 12 期；又见曾广亿：
　　　　《广东唐宋陶瓷工艺特点》，《广东唐宋窑址出土陶瓷》，香港大学冯平山博物馆，1985 年版。

[四七] 同注［四六］。

[四八] 引自广东省博物馆等：《广东出土五代至清文物》图 29，香港中文大学文物馆，1989 年版。

[四九] 陈志杰：《石湾"同庆灶"的研究与启示》，《岭南考古研究》第 6 辑，香港考古学会，2007 年版。

[五〇] 同注［五］。

[五一] 黄晓蕙、邱立诚：《古石湾窑产品的外销及相关问题探讨》，中国古陶瓷学会编：《中国古陶瓷研究》
　　　　第十四辑，紫禁城出版社，2008 年版。

[五二] 陈坚红、邱立诚：《"人"在最高处——石湾人物脊饰及其人文意义》，《岭南考古研究》第 6 辑，（香
　　　　港）中国评论学术出版社，2007 年版。

明清官窑的桥梁
——浅析17世纪青花外销瓷在古陶瓷史上的历史地位[一]

霍　华　南京博物院研究员　南京艺术学院特邀教授
陈晓亮　南京博物院

　　17世纪是中国古代陶瓷史上的转折时期。当时，中国国内官窑停烧，民窑市场萎缩，而此时的欧洲，只能生产釉陶，还不能生产胎质紧致的硬质瓷，由此，国际市场上对中国的瓷器有着十分迫切的需求，恰逢此时东印度公司成立，开展空前的对华贸易，从而满足欧洲人对瓷器的需求。在这样的国际背景下，中国瓷器风行世界。本文列举17世纪的四件国际历史事件，讨论外销瓷畅销欧洲的国际历史背景。

　　据宫廷烧瓷档案记载和学者研究，明官窑于万历三十五年（1607年）停止烧造，清官窑于顺治时期开始断断续续地烧造，至康熙十九年（1680年）前后全面恢复生产。中西方瓷业贸易，大批量的、高质量的外销瓷生产，使景德镇的民窑瓷业在改朝换代的历史罅缝中，不仅保存了实力，而且有了长足的进步，成为明清官窑的桥梁。本文以无锡华师伊大妇墓出土的明崇祯二年（1629年）青花瓷、越南海域头顿沉船出水的外销青花瓷、清康熙官窑青花瓷这三组对比材料，对这一观点进行论述。

一、17世纪外销瓷畅销的国际历史背景

　　17世纪，国际上与中国瓷器外销有比较大关联的事件有四件。

　　第一件——世纪初欧洲各国东印度公司的成立。

　　世界上的许多事物之间就像存在着无形的链条，有意无意地环环相扣。中西方联结的链环自有人类开始就从未有过间断[二]，而且，随着人类社会的发展，这个链环的连接越来越紧密。其中，15至16世纪的欧洲海上探险热潮作为关键一环，起着里程碑式的重要作用。

　　世界历史上有两位最著名的探险家，一位是陆地探险家马可·波罗（Marco Polo，1253～1324年），另一位是海上探险家哥伦布（1435～1506年）。公元1500年前后一百年间，是西方的探险时代，哥伦布由于发现了美洲新大陆而成为西方海上探险最伟大的代表者。

1497年，葡萄牙人达·伽马率领船队绕过好望角驶入印度洋。

1557年，葡萄牙占据了我国领土澳门，这是第一个从海上闯入我国的欧洲国家，也是第一个直接与我国进行陶瓷贸易的欧洲国家。

1602年，荷兰成立了东印度公司。当时的欧洲，葡萄牙、荷兰、西班牙和英国，大张旗鼓地进行着海上的贸易争霸，各国都先后成立了东印度公司，有资料描述这种海上贸易的结果：在一个富裕的伦敦或法国巴黎的市民家中，来访者很可能是在一个有佛兰德挂毡的房间中受到接待，主人拿出装在中国瓷碗中的西印度糖果，邀请客人点燃一支北美的香烟，品尝斟在秘鲁银酒杯中的德国酒。

欧洲各国东印度公司的成立使中国瓷器得以大量出口，满足了当时欧洲市场对中国陶瓷的需要。

第二件——欧洲，特别是法国刮起的"中国风"。

17世纪，在欧洲上流社会中，以瓷器和茶叶为主角，掀起了一股"中国风"，中国瓷器非常流行，被作为财富和地位的象征，许多富有家庭中都使用或者陈设中国瓷器。这种情况，更引起了法王路易十四对中国的极大兴趣，于是，他派遣传教士到中国，除了传教，还收集中国的风土民情，也包括制瓷技术。这些传教士在写回国的信中对制瓷技术进行详尽的描述，这就更加提升了"中国风"在法国乃至欧洲的热度。

第三件——欧洲当时还不能生产硬质瓷，而欧洲有广大的硬质瓷市场，这是外销瓷发展的最直接原因。

据化学家约翰·弗里德里希·贝特格（Johann Fried rich BÖttger）的记录，欧洲的第一炉硬质瓷是他经过长时间的试验，于1708年在德国烧制成功的，而直到1713年，德国的麦森瓷场（Meisson）才可以小批量生产硬质瓷[三]，在此之前欧洲的硬质瓷全部仰仗从中国进口。

第四件——当时法国正向中国派遣传教士[四]。

耶稣会士在华的实质性活动是以意大利耶稣会士罗明坚(Michel Ruggieri，1543～1607年)和利玛窦(Matteo Ricci，1552～1610年)1582年入华为其肇端的。尤其是利玛窦在华时间长达28年，其中在京约十年。从此，传教士不断地来到中国。

1685年3月3日，被法国君臣和科学院专家们精心选中的洪若翰(Jean de Fontaney，1643～1710年)、张诚(Jean Frangois Gerbillon，1654～1707年)、白晋、李明(Louis·Daniel Le Comte，1655～1728年)、刘应(Claude de Visdelou，1656～1737年)、塔夏尔(Guy Tachard，1648～1712年)六名博学的耶稣会士，终于以法国"国王的数学家"之身份，带着科学仪器、礼品、年金和国王下达的"改进科学和艺术"的敕令，在法国布雷斯特港，搭乘路易十四为护送一个使团赴暹罗而租用的"飞鸟号"(Oiseau)三桅船，扬帆向东而来。

重要的是，在利玛窦这一代的传教士心目中，科学只是一种手段，他们的唯一目的是传教；而一百多年后，具有法国"国王的数学家"身份的法国传教士则不然，他们来华不仅旨在使中国接受天主教信仰，同时还有完全是科学方面的目的，科学考察不再只是传教的手段，而是他们来华的直接目的之一。这一代法国传教士们作为法国科学院的通讯院士，必须将考察成果向法国科学院汇报。他们当时写了大量的书信发回欧洲，介绍中国的民情民风、风俗、科技，甚至动植物等情况。1702年，法国出版了《耶稣会某些传教士写自中国和东印度的书简》，一直到1776年，一共出版了34卷。其中就有关于瓷器的工艺等内容，最著名的就是殷弘绪从景德镇写回法国的关于瓷器的介绍[五]。

综上所述，流通渠道、海外市场，使原本质量不错却处于国内疲软状态下的民窑瓷器远销海外成为一件水到渠成的事情。而晚明时期，以徽州版画为代表的版画兴盛又使青花瓷画有了发展的空间，使这种具有东方文化色彩的青花瓷对欧洲人，更平添了魅力，增加了青花瓷对欧洲市场的吸引力。

二、外销瓷是明清官窑的桥梁

明万历三十五年（1607年），明代官窑烧瓷档案的记录停止，古陶瓷界认为，这一年明代官窑停止烧造。清康熙九年（1670年），清官窑为谒祖陵成功烧制了一批祭器，标志着清官窑正式开窑[六]。

以下以无锡华师伊夫妇墓出土的明崇祯二年（1629年）青花瓷、明代晚期官窑瓷，越南海域头顿沉船出水的外销青花瓷，清康熙官窑青花瓷为对比材料，从胎釉和纹样两个方面说明17世纪的青花外销瓷在不经意间已经为清康熙九年（1670年）清官窑瓷的复烧和18世纪上半叶清康雍乾官窑瓷登上古陶瓷史高峰做好了准备。

1. 胎、釉方面

1984年江苏省无锡市锡山区甘露乡萧塘坟明崇祯二年（1629年）华师伊夫妻合葬墓出土了十余件青花瓷器，均为碗、盅。胎子细薄洁白而坚致，白釉润泽，都是当时比较高档的日用品，是明末青花瓷断代的标准器[七]。下面选择三件青花瓷器进行介绍：

景德镇民窑青花八骏纹碗（图1），口微撇，圈足。青花发色明快，浓淡有致，内心双圈内绘海

图1　景德镇民窑青花八骏纹碗
口径10.4、足径4.5、高5.5厘米

水云气纹，外壁饰八骏纹，八匹骏马，有的奔跑，有的驻足而立，姿态各异，口沿圈足绘弦纹。圈足内有青花双圈楷书六字二行款"大明宣德年制"委托款。值得一提的是，这样的奔马纹在明成化和万历官窑青花瓷中都出现过（图2^[八]、图3^[九]）。

图2 明成化青花奔马纹高足碗　　图3 明万历青花奔马纹碗

景德镇民窑青花瓜瓞连绵纹碗（图4），撇口，腹较浅，玉环形圈足，沙底。青花发色有层次感，碗外壁绘瓜瓞连绵纹，碗内素面，口沿圈足绘弦纹，这种瓜瓞连绵纹是成化官窑的典型纹样，同出的青花碗中，此碗的腹部最浅，白釉最润泽，它的造型，纹饰布局和纹样都有成化官窑青花的风格，制作者应该是在着意仿制成化官窑青花。

图4 景德镇民窑青花瓜瓞连绵纹碗
　　口径11.7、足径5、高5厘米

景德镇民窑青花云鹤纹盅（图5），侈口，圈足。青花发色略灰，外壁绘云鹤纹，内壁素面。圈足内书青花双圈六字二行"大明成化年制"楷书委托款，字体不工整，这样的款在晚明青花碗上常见。这是华师伊夫妇合葬墓出土盅、碗里最轻巧的。

图5　景德镇民窑青花云鹤纹盅
　　　口径7.5、足径2.8、高3.2厘米

这三件器物的绘画并不十分精细，表现出民窑气息，但是它们胎体洁白，薄细，在灯光和太阳下面透影。精细的制作工艺，说明当时景德镇的制瓷业工艺水平普遍比较高。在重视工艺技术的西方，白度和透影性被作为衡量瓷器质量的重要标准[一〇]。公认清雍正官窑的工艺精湛，重要的特点之一就是胎子白细，白釉匀净，瓷器的白度和透影性好。通过观察华师伊夫妻合葬墓出土的青花瓷，可以这样认为，晚明时期的民窑已经可以生产具有这种特点的瓷器。

晚明时期的景德镇瓷业已经具有很高的水平，然而，在官本位的中国，能使这样成熟的工艺得以表现的平台就是官窑。但是，明清改朝换代，连年的战乱，使这个平台的出现晚了几十年，外销瓷则填补了这几十年的空缺，以等待下一个平台的出现——用更高档的原材料，工匠们将纹样描绘得更规整，将委托款换为"大清某某年制"。明清交替时期的外销瓷在明清官窑之间架起了桥梁，下面所举纹样中的例子更充分地说明了这一点。

图6　明隆庆官窑青花莲叶童子纹碗
　　　口径15、高4厘米
　　　故宫博物院收藏

2. 纹样方面

第一组，人物纹。

明隆庆官窑青花莲叶童子纹碗（图6）[一一]。碗外壁绘团花莲叶童子纹，底有"大明宣德年造"六字二行委托款。

蓝地白花莲荷童子纹觚。出水于越南海域的头顿沉船，觚的上部绘莲荷童子纹，寓意连生贵子（图7）。这种纹样盛行于宋代，俗称攀枝娃娃，在李诫的《营造法式》中有记载，称作化生纹[一二]。1990年6月至

图7　青花莲荷童子纹觚
　　　高14厘米

1991年7月，越南交通运输部的Salvage公司与瑞典Hallstrom Holdings Oceanic公司联合，由澳大利亚著名水下考古学专家Michael Flecker博士主持发掘了头顿沉船[一三]。头顿沉船当年原准备在巴达维亚（今印度尼西亚的首都雅加达）中转，而后去欧洲，但是于越南海域沉没。同时出水的还有汪时茂款墨锭，其上有庚午年款，时为清康熙二十九年（1690年），故此船沉没的年代可以确定在清康熙二十九年或者其后的数年中[一四]。头顿沉船中出水的蓝地白花莲荷童子纹瓴与明隆庆官窑青花莲叶童子纹碗上的纹饰有异曲同工之妙，莲荷童子纹也是清康熙瓷器上的常用纹饰。

第二组，山水人物纹。

明末清初山水人物纹青花瓷画兴盛的主要历史背景是17世纪版画的勃兴。明万历、天启年间，是我国版画艺术的繁荣时期。当时版画有新安、金陵和建安三大派，不仅章回小说中的版画插图生动，且多有画谱出版，其中《顾氏画谱》、《诗余画谱》和《唐诗画谱》最具代表性[一五]。

晚明清初瓷画山水人物纹中常见的小太阳(月亮)、括号云、小苔点、写意人物、波线水纹和立体器物口沿多用的蕉叶纹边饰的蓝本就是《顾氏画谱》、《诗余画谱》、《唐诗画谱》以及以后出版的《芥子园画谱》。在晚明民窑、头顿沉船出水和清康熙官窑的青花瓷上都可以看到晚明版画中的绘画元素，下面仅举一组例子。

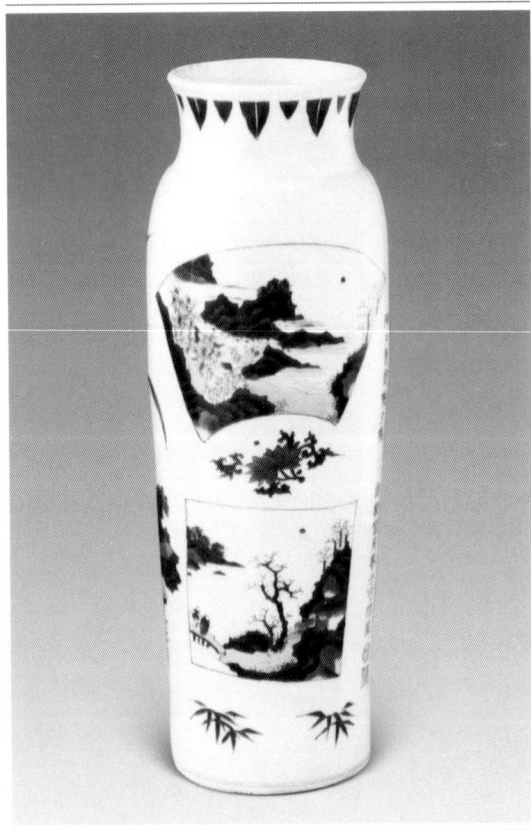

图8 明青花山水纹筒式瓶
口径13.4、足径13.8、高46.7厘米
上海博物馆收藏[一六]

图9 清康熙青花山水花卉纹瓶
高14厘米

青花山水纹筒式瓶（图8），明崇祯十三年（1640年）制，筒式瓶内外施白釉，颈口、近足处均有暗刻线二条。器身外壁绘青花，口下为蕉叶纹，器身绘博古图，一侧花瓶印花印出瓶体，上面的菊花用青花画出，这种工艺在明代瓷器上很少使用。器身一侧书隶篆诗句两句："竹摇清影挂幽窗，两两时禽噪夕阳。""庚辰春月写于可竹居"，后有青花章记款"竹"、"景"。庚辰为崇祯十三年，即公元1640年。这两句诗为宋代女诗人朱淑真的七绝《清画》中的前两句，后面连接的应还有两句："谢却海棠飞尽絮，困人天气日初长。"我们主要注意纹样，对诗词不作过多的讨论。

清康熙青花山水花卉纹瓶（图9），出水于头顿沉船，时代当在清康熙二十九年（1690年）或者前几年[一七]。这件瓶子的造型具有欧洲风格，但是晚明清初时期典型的青花山水纹样。

清康熙官窑青花山水纹长方花盆[一八]，折沿下有"大清康熙年制"六字一行款（图10）。花盆的四面以浑水画法绘山水图，红日高照，祥云缭绕，山峦起伏，人在途中。

上述三件青花瓷器，造型各异，时代有别，流通渠道不同，但是上面的青花山水纹一脉相承，都是以晚明万历时期版画课徒画稿为蓝本的青花瓷画。

综上所述，1700年前后，以景德镇为代表的中国瓷业，在胎、釉工艺方面已经达到了炉火纯青的程度。外销瓷的出现，使得中国瓷业的发展有了一个延续的过程，为清官窑在康熙九年（1670年）的正式开窑，为在清政权巩固后的18世纪上半叶，以官窑为代表的清康、雍、乾三代瓷业登上古陶瓷史的巅峰打下了基础。在这一历史过程中，青花瓷扮演了主角。

图10　清康熙官窑青花山水纹长方花盆
高18.5厘米
南京博物院收藏

［一］　本文以《浅析17世纪青花外销瓷在古陶瓷史上的历史地位——明晚期民窑和清官窑的桥梁》为题初次发表于《中国古陶瓷研究》第十四集，紫禁城出版社，2008年10月版。此次发表略作修改。

［二］　从1万年前北美洲大陆印第安人的体征，从公元前5世纪希腊胜利女神身上飘逸的丝绸衣裙，从公元1世纪古印度犍陀罗佛像中的罗马人容貌，从公元9世纪埃及首都开罗的大量中国唐代陶瓷，从公元1700年前后景德镇生产的西方徽章瓷中，我们都可以体察到这一点。

［三］　［英］简·迪维斯著、［中］熊寥译：《欧洲瓷器史》第三章，浙江美术学院出版社，1991年版。

［四］ ［法］杜赫德编，［中］郑德弟、吕一民、沈坚译：《耶稣会士中国书简集·中国回忆录》，中文版序言，大象出版社，2001 年版。

［五］ 同［三］，第Ⅱ册。

［六］ 参见台北故宫博物院蔡和璧：《清康、雍、乾名瓷》展览图册附录，1986 年。

［七］ 冯普仁：《江苏无锡县明（代）华师伊夫妇墓》，《文物》，1989 年第 7 期，第 48 ～ 59 页。同墓出土的器物，除了十余件青花碗以外，还有锡茶壶、银餐具、鎏金铜手炉、折扇、端砚和铜镜等梳妆用品。此夫妇合葬墓中出土了著名的"大彬"刻款三足紫砂壶，另外还出土了两件高质量的紫砂壶。图片可参见张勄主编：《中国出土陶瓷全集·7》，科学出版社，2007 年版。

［八］ 耿宝昌主编：《青花釉里红·中》，29 号，上海科技出版社，2000 年版。

［九］ 同注［八］，202 号。

［一〇］ 白度的测试方法是先在磨片机上将样本上的釉磨掉，再将其加工成 40×40 毫米的小方块，然后在白度仪上与化学纯硫酸钡标准试块进行对比，以此确定样本对白光的反射能力，用百分数表示。

［一一］ 同注［八］，159 号。

［一二］ ［宋］李诫：《营造法式》第三十二卷《雕木作制度图样·混做第一》，第三十三卷《彩画作制度图样上·骑跨仙真第四》；霍华、刘金祥：《议磁州窑童子持莲纹》，《中国古陶瓷研究》第十六集，紫禁城出版社，第 217 ～ 224 页。

［一三］ ［越南］阮庭战撰文，容常胜、钟坤翻译：《越南海域沉船出水的中国古陶瓷》，《中国古陶瓷研究》第十四辑。

［一四］ 林业强：《紫砂沉浮》，北京故宫博物院 2008 年 9 月 22 日"2008·中国紫砂国际研讨会"发言稿。

［一五］ 《诗余画谱》选宋词 100 首，出版于万历三四十年（1602 ～ 1612 年），由明万历宛陵（今安徽宣城）汪氏辑印；《唐诗画谱》选唐诗 149 首，由明末新安集雅斋主人黄凤池编撰，出版于明万历、天启年间。这两本画谱在当时流传很广，对转变期瓷画影响很大。这两本画谱请著名书画家据诗词之意绘画，佳词、法书、名画相映可称三绝，即描绘世大夫的生活情趣又顾及市民阶级的审美要求，故画谱不仅在文化人中流传，也被作为民间瓷画的范本。参见霍华：《南京博物院藏清官窑瓷器纹样举要》，中国古陶瓷学会编《中国古陶瓷研究》第 10 集，紫禁城出版社，2004 年版。

［一六］ 上海博物馆：《上海博物馆与英国巴特勒家族所藏·十七世纪景德镇瓷器》，第 21 号，2005 年。

［一七］ 同注［一三］。

［一八］ 徐湖平主编：《清代官窑瓷器》，101 号，上海文化出版社，2003 年版。

两晋越窑青瓷双鱼洗纹饰的研究

沈芯屿　杭州博物馆研究员

　　越窑青瓷历史悠久，而中国的鱼文化更加源远流长。我国鱼的纹饰与史前陶器同时出现，说明了鱼与人类早期文化有着密切而神秘的联系。众所周知，在我国陶瓷史上，西晋时期越窑青瓷的典型纹饰多为动物、人物和铺首纹，已经发现的有熊、蛙、猴、狗、猪、羊、狮、鼠、象，胡人等，鱼纹却极为少见。而东晋时期，大部分生动有趣的动物造型或纹饰消失，鱼纹同样罕见。2007～2008年间，杭州博物馆有幸征集到两件两晋时期的青瓷双鱼洗（图1、图2）。在以往，人们一直认为双鱼纹饰在浙江青瓷器史上出现的时间是在北宋时期[一]。这两件双鱼洗的出现，证明了双鱼纹在西晋越窑就有生产，并且东晋仍在延续。但是，唐、五代时期，越窑青瓷都没有出现双鱼纹。因此，南宋龙泉青瓷双鱼纹洗，很可能是宋室南下，从北方定窑流传过来的。从史前到今天，鱼纹，作为一种吉祥的图腾或标志，伴随着中华民族走过了数千年的历史，说明了这支崇拜鱼的民族很可能是黄河流域文化中的一支。这支文化在历史的长河中，不断地融合、繁衍生息。鱼，象征着他们的生命和血脉，自由自在，睿智灵动。

图1　西晋越窑青瓷双鱼纹洗

图2　东晋越窑青瓷褐彩双鱼纹洗

纹饰，并不仅仅是一种简单的装饰。远古人所创作的原始纹饰，很可能是一个民族的标记或者族徽等。鱼纹，从史前陶器开始出现，之后在青铜器上出现，再在瓷器上出现，在这个过程中它不断地演变，成为了一个民族的符号。这个符号与这个民族远古的祭祀有关，而这种祭祀的仪式，积淀在这个民族的原始记忆之中。张光直先生认为："无论商代还是史前的陶器符号，绝大多数都是家族、宗族、氏族或其分支的标记和族徽"[二]，那么，史前黄河流域的祖先们在彩陶上画的鱼纹，应该也是具有类似的意义。由此推论，两晋时期，在越窑青瓷出现双鱼纹洗，应该也是黄河流域某一支宗族文化的绵延。因此，我们对两晋双鱼纹的研究，也就有了更加深远的意义。

笔者就西、东晋时期的两件双鱼洗的装饰与造型、文化意象、民俗意蕴等几个方面，采用民俗学等方法进行分析和研究，进一步探讨两晋时期青瓷文化与鱼文化的民俗意蕴和文化意象。

一、两晋越窑双鱼洗的纹饰与造型

洗，是一种日常生活用具，相当于今天的洗脸盆。这种器形最早出现于战国晚期的青铜器，汉代开始流行，多为贵族使用。

西晋越窑双鱼洗，圆形、折沿上翘、腹略鼓、平底内凹。因胎体厚重，器物的整个外围有下坠感，底部向上拱起；施青釉，釉面均匀光亮，有玻璃质感；口沿饰弦纹和水波纹，底部中心有一道弦纹，圈纹外刻划双鱼纹，外围饰弦纹和水波纹。双鱼头呈同向，纹饰线条硬朗洒脱，刀工犀利，鱼的形体丰裕、朴拙、生动，在双鱼尾部之间刻有一个"奴"字。纹饰布局较满，给人一种丰裕滋润的感觉。洗的外壁饰细网文与连珠纹组成的装饰带，上贴塑四个铺首纹，成等距离分布，呈现了西晋时期特有的装饰艺术风格。东晋越窑双鱼洗，体形比西晋时期略小，圆形、折沿略上翘、腹微鼓、平底。施青釉，釉层均匀，色泽青褐。内底中心饰一道凸弦纹，里内施褐彩。弦纹外刻划两条鲤鱼，体形显瘦小，线条纤细，双鱼头同向，鱼须纹清晰，鱼不如西晋时期丰满、灵动。洗的外壁饰三道凹弦纹。两件双鱼洗的装饰手法均为刻划，西晋双鱼洗的刻划纹饰线条比较粗，深而有力，鱼鳞采用的是锥刺和连续指甲纹相间来表现，鱼形比较丰满，有生气。而东晋的双鱼洗，鱼纹线条纤细，鱼鳞采用连续指甲纹，纹样简单，鱼形显得柔弱而不自信，这种现象的出现，很可能与东晋时期越窑走向衰落有关。

青瓷双鱼洗采用的是拉坯成型，折沿是用泥坯成形后粘接而成的。从制作上讲，胎壁厚，器形不是很规整，略有变形，说明修胎的技术不够精练，导致因为胎体重底部中间出现了凸起的现象；在工艺制作上，与尼姑婆山西晋越窑的器物有明显的差别。两件双鱼洗的造型与纹饰，与汉代的青铜双鱼洗很相似，说明两晋双鱼洗的造型和纹饰很可能是沿用了汉代的青铜双鱼洗而来[三]。

西晋双鱼洗，在双鱼的尾部之间，清晰地刻着一个"奴"字。这个字有这样的几种可能：1.制作者或家族的铭记，就是制作这件器物的人，或使用这件器物家族的铭记。2.阶层等级的铭记，就是专门给某一个阶层使用的铭记。这个可能性很小，这个"奴"字从我们今天的字面解释，就是奴仆的意思，但中国古代文字的意思与今天的理解是有差别的。虽然这件器物的胎体比较厚重，形制不是很规整，制作不精，字所刻写的位置在尾部，笔者仍然认为，在那个时代，这件器皿应该是有身份人使用的。3. 在《广韵》中"nu"音有这样的解释：乃者切，平模泥，鱼部。所以这个字在韵律上也可能是方言"鱼"字的发音，很可能就是某个族人的一个标记。笔者认为这一点是最有可能性的，但是目前，这件器物只是一个孤证，没有更多的佐证，只是一个推测而已。

已有的考古资料和研究表明，西晋时期越窑中鱼纹饰比较少见，近几年，在民间有发现，这与我们常见的西晋时期出现大量动物造型形成了一个较大的反差，这种情况说明鱼纹不是当时的主流纹饰。我们知道，南方的越族先民，更多出现的是鸟与蛇，从河姆渡遗址出土的"双凤朝阳"象牙雕片开始，鸟纹一直在这个地域演变。而黄河流域的史前遗址出土的彩陶上，更加多见鱼纹，同样造型与纹饰，在青铜器上也有出现。因此，这种双鱼纹在两晋越窑青瓷上出现，很可能与南北民族的文化交流有关。

二、两晋越窑双鱼纹的文化意象

我们这里需要讨论的纹饰，不是一般意义上的装饰图案或者花样，而是具有特定含义的纹饰，是具有象征意义的纹饰。"它是'难以用言辞单独表达的思想或事实的描绘形式'，有人则认为，它是'暗含在人类经验的语言之中的一种意象'"[四]。鱼纹，就是具有中华民族文化象征意义的纹饰。

在我国陶瓷史上，鱼纹最早出现在陶器上。已经发现的黄河流域史前遗址中绘有鱼纹的彩陶有陕西省临潼县出土的五鱼纹彩陶盆，在陶盆的内壁绘有五尾鱼，作洄游状。假如在盆中注入水，就会发现，五条鱼仿佛在追逐嬉戏。甘肃省秦安县出土的鱼纹彩陶盆，外壁绘几何形变体鱼纹。这类绘画风格颇有形式感，很可能是用于某种仪式的器皿[五]。河南省临汝出土的鹳鱼石斧图彩陶缸，缸体腹壁绘一立鹳，鹳喙一条鱼，旁边还有一把斧，生动地描绘了该民族的生活形态——这是一个靠渔猎和劳作生存的民族。半坡类型的人面鱼纹彩陶盆，口部两边有鱼身，鱼衔两耳，鱼纹作长三角形，鱼身饰鳞纹。而甘肃省甘谷出土的马家窑文化类型的人面鱼纹彩陶双耳瓶，腹部绘一鲵鱼纹，鱼的头部为人面，这里面应该有生殖崇拜的意向。半坡遗址出土的鸟鱼纹彩陶细颈瓶，在瓶的肩部绘鸟喙鱼尾，鱼环游四顾，颇有情趣。这让我们联想到这是否就是龙凤呈祥的原型呢[六]？相比较而言，长江流域河姆渡文化遗址中出土的一件鱼藻纹黑陶双耳盆，在盆的腹部刻划一组鱼藻纹和一组鸟纹，与黄河流域的鱼纹相比，显得有些"孤独"。而在跨湖桥文化遗址，还没有发现鱼纹的报告。在良渚文化遗址出土的一件黑陶罐的肩部，刻有一些类似篱笆、月亮等图形，其中有一条鱼骨纹，是文字，还是图画？为什么刻出来的是鱼骨的形状，而不是完整的鱼纹？目前很难得到正确的答案。但是，我们还是可以读解到，他们看见了太阳、月亮，他们会做篱笆，他们认识的鱼的形态就是鱼骨状的，他们与黄河流域民族所理解的鱼是不一样的。

很多地域的文化形态早在史前就已经形成，并延续数千年，从已发现的用鱼纹做装饰的器物就说明了这个问题。黄河流域的彩陶鱼纹多见，纹饰更具有神秘性和仪式感，而长江流域的史前遗迹中多太阳、鸟纹、蛇纹，很少鱼纹，在表现形式上没有黄河流域富有形式感与感染力，这里有的是神兽和羽人，农耕和蚕桑，表现出了与黄河流域完全不同的文化形态。这种现象的出现，与远古不同的地理环境赋予人群所认知的图腾崇拜和民间信仰有关。

原始的崇拜是原始人心理的反映，在人们一般的思维中，江南地区河流网布，鱼纹应该是当地的祥瑞之物，而成为当地的崇拜物。事实告诉我们，古人对一种动物的崇拜，一般源自人类可以作为食物控制的动物或令人产生恐惧心理的动物。比如说位于长江下游的吴越地区，蛇图腾崇拜就非常的明显。这一点我们可以从春秋战国时期原始青瓷和印纹陶器上的"S"纹，以及无锡鸿山越国贵族墓中出土的琉璃釉盘蛇玲珑球形器和鼓座器上的蛇纹得到印证[七]。

由此可见，鱼，在黄河流域很可能就是远古的一种神灵或图腾，而浙江地区远古的图腾很可能就是凤鸟与蛇。因此，河姆渡遗址出土的双凤朝阳象征的是河姆渡的神灵，而鱼纹在河姆渡人的图像中，并没有表现出其神圣感，这说明在河姆渡人心目中没有把鱼奉为神灵。更多鸟纹、蛇纹出现在礼器上，这是一种图腾崇拜的心理，这种心理始终会在一个民族的器物的装饰中表现出来。浙江地区的陶瓷器上，汉代众多的装饰纹样中很少见到鱼纹，常见的纹饰多为弦纹、水波纹、鸟纹、变体神兽飞鸟、卷草纹、人字纹等，鱼纹只见于鬼灶和谷仓罐的腹部[八][九]，鬼灶是明器，而谷仓罐的腹部，代表的是地下。在这里，显示的鱼纹位置似乎并不高，说明此时在浙江地区鱼纹并不是主流的装饰纹样，这与制作者心理和文化意象有着密切的关联。

三国两晋时期是早期上虞地区越窑的高度发展时期，此时的瓷器因为装饰上出现了大量的动物造型，而成为时代特有的标志。常见有鸟、熊、狮、羊、狗、猪等，虽然如此，但西晋越窑青瓷中鱼纹却少见，这是一个值得探讨的问题。

现有考古资料表明，东吴西晋的大型砖室墓中，没有此类双鱼纹洗出现的报告；上林湖越窑址的汉代至三国时期的调查报告中，没有发现鱼纹。浙江省考古研究所于2006年在浙江上虞境内的尼姑婆山西晋越窑址发掘中，笔者曾经数次前往，经与考古人员核实，没有发现鱼纹。当然，尼姑婆山窑址是个特例，该窑中生产的瓷器质量较一般越窑产品高，有的器物与贵族墓中出土的器形[一〇]很相似，就双鱼纹饰而言，窑址可能还没有被发现。由此，笔者认为两晋时期的越窑双鱼纹很可能是北方民族南下带过来的。由此可见，它的源头在北方。来到南方以后，由于早期越窑在南北朝时期走向衰落，而这类纹饰在当时没有在此地得到更大发展。

鱼纹不受推崇，这种情况在唐、五代至宋代的上林湖越窑青瓷上表现出来。五代至北宋，北方瓷器的刻花纹装饰已经流传至南方，对越窑和龙泉窑均产生影响。而此时越窑青瓷最多见的是刻划在碗底的双凤纹、荷叶和龟纹，鱼纹不像北方普遍和多见。而在北方河北地区的定窑在唐代就有双鱼纹[一一]，而唐代上林湖越窑址没有发现双鱼纹。定窑的印花双鱼纹宋代中期至金代开始出现，陕西耀州窑在五代也有鱼纹装饰[一二]，古人对某种纹饰的喜爱，并不仅仅是因为审美，应该是有其深层含义的，或许是一个民族的象征符号。

由此，从远古以来，鱼纹饰在黄河流域多见，很可能就是北方民族某一支文化的象征符号。两晋时期双鱼纹的出现，有可能是北方贵族流亡江南时带过来的，它的出现告诉人们这一支人群文化的存在。宋代时期，北方的定窑出现大量的刻花、印花的双鱼纹，直至南宋南方的龙泉窑出现双鱼纹洗。从中我们不难发现，都与北方文化的南下有关，鱼纹，就是包涵了黄河流域民族的"难以用言辞单独表达的思想或事实的描绘形式"的一种文化意象。

三、两晋越窑双鱼纹洗的民俗意蕴

中国的陶瓷文化历史悠久，中国的鱼文化同样源远流长。就两晋越窑双鱼纹洗而言，应该是历史长河中的一个短暂的瞬间，它所表现的鱼文化，饱含了民俗意蕴。这种民俗意蕴，是经历了千百年鱼文化演绎而来的。

在远古神话《山海经》中，记载了很多种充满了神异的鱼，其中对"人鱼"的描述，是否就是甘肃省甘谷出土的马家窑文化类型的人面鱼纹彩陶双耳瓶腹部所绘的鲵鱼纹呢？还有一种"文鳐鱼"，鲤形，鱼身，鸟翼，生于南海，日间自西海游于东海，夜晚结队飞行，见则五谷丰登。而有的鱼的出现，则预示着不详，如大旱、战争等，说明这些鱼都具有神性，与鱼神祭祀有关。这里更多的是史前文明中的象征着图腾的鱼文化，直至春秋战国时期，对动物的图腾崇拜依然是强烈的。两汉开始，很多纹饰开始退去了神圣的意味，走向装饰，两晋双鱼纹洗所表现的，就是一种具有民俗意蕴走向装饰的鱼纹。

在古代文学中，鱼的寓意更是博大而精深。古诗《江南》是一首汉乐府民歌，诗中"鱼戏莲叶间，鱼戏莲叶东，鱼戏莲叶西，鱼戏莲叶南，鱼戏莲叶北"的美妙诗句，把江南莲塘优美的景色和采莲人愉悦的心情烘托了出来。《战国策·冯谖客孟尝君》一文中的食客冯谖的"长铗归来乎，食无鱼"，因为没有鱼吃，而弹着剑铗高歌的情形，给人们留下了深刻的印象。这些传世的美文，凸显了鱼的美味和灵性，带给人类有意味的生活。两晋越窑双鱼洗，就是美味和情趣延伸的鱼文化。

在哲学家的文字中，我们更能感受到鱼的奇妙。《庄子·逍遥游》："北冥有鱼，其名为鲲，不知其千里也"，文中的观点，对中国哲学思想产生过深远的影响。而在《庄子·秋水》里，有一段充满哲理的对话："修鱼出游从容，是鱼之乐也"，在鱼的自由快乐中，感悟到一个思想者感受心灵自由的愉悦。我们不能想象，假如在以上的诗文中，没有了鱼，那些文章是否还有这样灵动飘逸的文采？生活中没有了鱼的美味和鱼在水中美妙自由地游动，我们的生活就会失去很多的美好的情趣。同样，瓷器上没有了鱼纹饰，瓷器也会失去很多美好的趣味。由此可见，两晋越窑青瓷双鱼洗的出现，为该时期的青瓷装饰增添了新的民俗寓意。

鱼纹的装饰，从陶器—青铜器—瓷器—玉器，有一个从神性逐步走向民间世俗的过程。从美学理论上讲，汉代是纹饰从神圣走向世俗的一个转折点，汉代鱼纹的表现形式就已经完全失去了史前鱼纹那样的神秘而富有哲理的意向。也许在等级制度上，平民百姓与达官贵族在使用的器皿上有明确的差别。平民同样不能使用青铜双鱼洗，但就纹饰来说，此时的鱼纹饰，已经没有了史前鱼纹的神圣感。其纹饰的主题应该是生生不息和吉祥有余，两晋越窑双鱼洗所蕴含的应该也就是这样的寓意。它所表达的应该是北方南下的民族，来到新的地域，冥冥之中，向他们祖先的图腾祈福，渴望生息繁衍，过上富裕生活的心理，在没有更多两晋越窑双鱼纹出现的情况下，我们暂且作这一种推测。

作为更多民俗意向的鱼纹在瓷器上出现，应该是在宋代以后。随着都市文化的不断兴盛，宋代的都市民俗得到很大的发展，此时的鱼纹充满了丰富的民俗意蕴。北宋时期，在上林湖越窑有刻花双鱼纹花口碗；南宋晚期，龙泉窑出现大量的双鱼纹洗，形制规整，制作精巧，成为南宋龙泉窑的一种典型器。鱼纹，这种祈求繁衍生息，连年有余的鱼纹饰，充满了民俗意蕴，与我们的民族一同绵延至今。

[一]　慈溪市博物馆编：《上林湖越窑址》，文物出版社，2002 年 10 月版，第 98 页。

[二]　张光直著、郭净译：《美术、神话与祭祀》，辽宁教育出版社，2002 年 2 月版，第 84 页。

[三]　马承源主编：《中国青铜器》，上海古籍出版社，1997 年 10 月版，第 302 页。

[四]　芮传明、余太山著：《中西纹饰比较》，上海古籍出版社，1995 年 11 月版，第 1 页。

[五]　见《中国文物精华》1990 年卷，图 2、图 10，文物出版社。

[六]　国家文物局编：《中国文物精华大辞典》，上海辞书出版社、（香港）商务印书馆，1995 年 8 月版，第 3、7、33 页。

[七]　南京博物院考古研究所、无锡市锡山区文物管理委员会：《无锡鸿山越国贵族墓发掘简报》，《文物》2006 年第 1 期，第 11 页。

[八]　朱伯谦：《朱伯谦论文集》，文物出版社，1990 年 10 月版，第 22、23 页。

[九]　马鞍山市文物管理所、马鞍山市博物馆编，王俊主编：《马鞍山文物聚珍》，文物出版社，2006 年版，第 136 页。

[一〇]　见 1996 年 6 月，安徽马鞍山雨山区朱然墓出土的一件青瓷卣形壶。马鞍山市文物管理所、马鞍山市博物馆编，王俊主编：《马鞍山文物聚珍》，文物出版社，2006 年版，第 107 页。

[一一]　上海博物馆编：《中国古代白瓷国际学术研讨会论文集》，上海书画出版社，2005 年 7 月版，第 692 页。

[一二]　禚振西、杜文著：《耀州窑瓷鉴定与鉴赏》，江西美术出版社，2001 年 1 月版，第 161 页。

绚彩华丽　金碧辉煌

——论广彩瓷器的艺术风格

冯素阁　*广东省博物馆副研究员*

"广彩"是"广州织金彩瓷"的简称,是以产地来命名的,并非对彩料的特指。"广彩"以其"绚彩华丽,金碧辉煌"而闻名于世,深受欧美国家人们的欣赏和喜爱,三百多年来一直是我国外销彩瓷的主要商品之一。"广彩始于清代康熙晚期,在三彩、五彩、斗彩、粉彩、珐琅彩等各种彩瓷艺术的影响下,脱颖而出,盛于乾隆、嘉庆,终清一代不绝,复流传至今。"[一]广彩瓷艺是按照西方人的审美习惯,将景德镇白瓷在广州加彩烘烧而成,主要销往国外,它的发展主要得益于广东作为对外贸易通商港口这一得天独厚的外销条件。

既有中国传统彩绘艺术风格又吸收欧美艺术精华的广彩,得到西欧各国皇家、贵族等上层人士的赏识,是装饰与日常用瓷的重要产品,常见于西欧皇家宫殿与博物馆。广彩的造型、纹饰多以西方生活方式所需的定式制作,最典型的徽章纹具有浓重的西方文化艺术色彩,但装饰内容极富中华民族的特色,喜饰花卉锦簇、山水、写实庭院景色,乃至清装人物等。

一、康熙中晚期至雍正时期为外销促成的创烧阶段

康熙二十三年(1684年)清政府解除海禁,外国商船随之增多,外国商人重华瓷,在广州订货或来样加工,因而促进了广彩瓷器的生产和发展。"从十七世纪下半叶开始至十八世纪的清代前期,中国瓷器在世界各地,特别在欧洲,不仅作为日用品受到广大顾客的喜爱,而且在贵族上层间,优质的中国瓷器已经作为夸耀财富的手段。在1713~1740年间,普鲁士皇帝选皇后,曾以六百名撒克逊龙骑兵和邻近的君主换取一批中国瓷器,以为他的婚礼增色。"[二]

清康熙政府在消灭了沿海抗清势力后,开放扩大外贸交往。欧洲很多国家被允许在广州开设贸易机构,"最早获得这一权利的是英国东印度公司(1715年)。法国于1728年、荷兰1729年、丹麦1731年、瑞典1732年也都先后设立了贸易站,这就进一步为中国瓷器的外销提供了有利条件。"[三]

图1　清雍正广彩开光人物纹盘口瓶

康熙中晚期至雍正早期，是广彩的初创阶段，无论是师傅、颜料、素瓷都来自景德镇，依景德镇彩瓷纹样或来样加工，岁无定样，广彩的特色不太明显，国内流传下来实物很少。康熙时已有法国人来广州定做彩绘瓷，按此推断，开始在广州加彩的时间应该与景德镇五彩、珐琅彩和粉彩差不多，于是就很难辨认出哪些是在广州加彩的瓷器，故可见康熙广彩瓷器传世甚少的原因可能在此。

随着中国瓷器贸易的发展，除原来为国内市场需要所生产的一般瓷器外，有相当部分是按照订货合同根据外商需要特地生产的。广彩瓷器初期的绘画风格，与江西景德镇彩瓷区别不大，如广东省博物馆收藏的清雍正广彩开光人物纹盘口瓶（图1），颈部和腹部均有两菱形开光，上两开光绘山水，腹部两开光内绘清装人物小景，只是以锦纹相隔，露出大片白地，而不是广彩惯用的满地，金彩只在口沿处的锦带中配以五瓣金花，这是初期广彩瓷画特征。追溯广彩最早彩绘艺人，应该是雍正年间从江西派往广州的候补官员杨快和曹钧。相传"他们到广东后却长期没有官缺可补，坐吃山空，生活发生了困难。为了生计，他们便利用自己懂得的瓷器绘画技术，绘画一些瓶、盒、杯、壶等瓷器出卖，外国客户非常喜欢，纷纷订货，经常供不应求，于是，便扩大规模，从景德镇买入白胎瓷器，在广州开设作坊授徒传授加彩技艺，随着生产的不断发展，便逐渐形成广彩雏形"[四]。后来老一辈广彩艺人为纪念这两位广彩创始人，就将杨快供奉为广彩的祖师爷，把农历八月初四定为师傅诞，广彩艺人入行拜师都选这一天，慢慢已成为惯例，直到新中国成立后才取消了这一行规。随着改革开放的继续深入，这种行规又得以恢复。

图2　清乾隆广彩外国风景图盘

二、乾隆、嘉庆时期为初具特色的形成阶段

约在乾隆、嘉庆时广彩瓷已形成自己的风格，并得到社会上的承认，"广窑仿洋瓷烧者，其绚彩华丽"[五]，其采用的西洋红、鹤春色、茄色、粉绿等使广彩瓷像换新装一样多姿多彩。在画面上除参考传统的绘画瓷外，还仿造西洋画法或来样加工，逐渐形成广彩特有的风格。另一种如广东省博物馆收藏的广

彩外国风景图盘（图2），画面很简练，只是盘心用红、赭、金三色绘制欧洲风景的画面，笔法如钢笔素描，阴暗分明，是仿照西洋画的画法而加彩的，此种色彩是在广州配制，广彩行话叫"麻色"，其实是用红与黑两种色配成的深赭褐色，多用于外销瓷器上，在江西景德镇很少用此色，此盘应是外商来样加工的品种。在乾隆戊戌年（1778年）广州彩瓷艺人还成立了"灵思堂"[六]，即广彩行业组织的行会，设在广州文昌路毓桂坊三巷，直至抗战期间才拆掉。至今附近广彩老户还有不少仍操祖业，这亦可作为广彩瓷在乾隆年间亦有相当发展的一个佐证。能组织起行会，说明广彩已有不小的规模，在市场上已经有了地位和作用，并且说明其在雍正、乾隆年间已经形成行业生产。美国旅行者WilliamHickey于1769年（乾隆三十四年）参观广州珠江南岸的广彩加工工场，描述说："在一间长厅里，约二百人正忙着描绘瓷器上的图案，并润饰各种装饰，有老年工人，也有六七岁的童工"[七]。这种工场当时竟有一百多个，说明广彩外销数量之大。"十七世纪后期，法王路易十四命令他的宰相马扎兰创立中国公司，派人到中国广东定做带有法国甲胄纹章的瓷器"[八]。乾隆以后，各期产品的风格才易于分辨。

图3　清乾隆广彩徽章纹盘

图4　清乾隆广彩徽章纹椭圆盘

245

　　广彩成为18世纪欧洲的宠儿，装饰纹样十分丰富，徽章纹、船舶纹、人物纹、花卉纹、动物纹等几大类。最精美的应是徽章纹，所有商贸来往的欧洲国家都定制过徽章纹广彩瓷，如皇室、贵胄、神职人员、商界人物、家族、社团、城市、省郡[九]等都把象征他们身份、权力、地位、政治主张等的徽章描绘到瓷器上。当时订烧徽章纹瓷器成为欧洲的一种风气，瑞典就有三百多家贵族把徽章纹样送到中国来定制瓷器，如清乾隆广彩徽章纹盘（图3），此盘中间所花的徽章是英国东印度公司主席托马斯桑德斯徽章。托马斯桑德斯，1750～1755年曾任印度马德拉斯圣乔治城堡英国东印度公司主席，东印度公司后来成为最强大的欧洲在亚洲的贸易机构之一[一○]。又如清乾隆广彩徽章纹椭圆盘（图4），是英国东印度公司的徽章，此盘是托马斯桑德斯主席在任职时定做的徽章盘[一一]。由此见这类徽章纹在乾隆时期，是外商十分喜爱来样订烧的品种。还有一种广彩大碗十分出色，碗壁上绘有广州十三行及珠江商贸繁华风景图（图5），更加真切地反映出广州当时的盛况。最早的"十三行"碗是在1765年左右为丹麦市场定做的，碗的一面是十三行场景图，另一面则是哥本哈根的风景。用十三行场景作为最高档的广彩瓷器中的一种装饰自此开始流行，这种情况一直持续发展到该世纪末。使用十三行场景图装饰的广彩瓷器，要征用最高绘画水平的匠师，用最好的颜料，其中有

图5-1　大碗伸展图

246

图5-2　清乾隆年间的广州十三行

相当部分的颜料需从欧洲进口，包括珐琅料，彩绘料。这样一个十三行场景的大碗，真实地展示了乾隆盛世广州十三行洋行贸易盛况，珠江两岸各式建筑、码头，以及在码头上、建筑内、船上忙活的人群和珠江上穿梭不息的船只，一字排开在珠江边的建筑群非常庞大。从风格上来看，有中式建筑、西式建筑及中西风格合璧建筑。中国官员办公地如粤海关及中国商行则基本上是中式建筑，洋商行的建筑基本上是西欧风格建筑，上下两层，从正门进去后面还有大量的建筑。有的在门的上方建有露天飘台，作休息赏景之用，有个别则建有上下两层的走廊，不但气派且能避免风吹雨淋。建筑前面飘扬着丹麦、法兰西、大清帝国、瑞典、英格兰、荷兰、巴西等国家的旗帜，旗帜的后面，便是所属国家的商行，垄断着在各自国家的对华贸易。十三行场景中对人物的描绘使商行贸易区显得生机勃勃。在建筑群里、洋行前、船只上共彩绘了93个人物，其中洋人31个。洋人中，有的在悠闲地散步，有的在与中国商人谈生意，有的在欣赏珠江的风景，有的在与清政府官员商谈公务，有的在洋行门前指挥洋行雇佣的中国工人搬运货物，有的在珠江划船。更有意思的是在一洋行前描绘了一对洋人醉酒的场面：一洋人满脸通红，跌坐在酒桌旁，另一洋人则摇摇晃晃抱着旗杆。在所绘洋人中，以男性为主，能明确辨别为女性的仅有三人，表明女性并不适合做艰苦的海上旅途。代表清政府履行公务的政府官员共有12人，他们都戴着官帽，极易与其他人分辨开来。除三个在船上，其他的都在岸上执行公务，有的在海关里等候别人来办理业务，有的似正向洋人传达清政府的法令，有的正在监督洋行的各项业务活动。余下的则是商人、搬运工、船夫等。挤满十三行前的各式船只共有33艘，以适用内河运输的为主，其用途应是载客及短距离运送货物，同时亦有游船。主要以带雨篷的中国传统小船为主，而洋人驾驶的船只有三艘，从外形到装饰都有明显的西洋风格，悬挂的是风帆。每个洋行或许都有自己专门的船只，如在海珠中国亭前停泊的两艘最大的船，其船头就用欧洲贵族纹章装饰，表明其身份[一]。

三、道光至光绪时期为绚彩华丽的成熟阶段

　　清道光至光绪时，广彩达到了成熟阶段。它既吸收了传统工艺，亦吸收欧美的艺术精华，完全形成了自己的独特风格。其特点是绚彩华丽、金碧辉煌、热烈清新、构图丰满、繁而不乱，犹如万缕金丝织白玉的"织金彩瓷"。颜料从初期的几种增加到十几种；花式设计使零碎、分散、独立的纹样组合起来，形成完整的构图。如"织金人物羽毛"、"散花花雀"等构图形成一种程序，批量或整套生产，适应性较强，彩绘更加丰富艳丽。在装饰花式设计方面，一改初期的"式多奇巧，岁无定样"，而成为批量生产，使零碎、分散、单独的纹样联合起来，成为连续图案，或完整的构图，并固定下来，成为一种程序，可以运用到所有的产品构图上去。如整套的餐具，放在盘子上、碗上、汤匙、小碟上都合适，使整套餐具的纹样既完整又统一，布局整齐，并可容纳时果花卉、鸟雀虫鱼、人物、山水等题材内容于一件产品里面。因为碗、盘、碟等产品中心，采用夹金圆圈、十字开幅、开四斗方等，加上花果、蝴蝶织金作地，就可以千变万化，同时纳入一个固定的程式，易批量或整套生产。中心夹金圈内可以画花、鸟、石，也可以绘外国商标或洋行的徽章，适应性比较强，这样就促进了广彩瓷的大发展，在生产上可以有分工，各司其职，如广东省博物馆收藏的同治广彩人物纹套形茶具，一套约四十多件。广彩人物双鹤耳大瓶（图6），开光内画人物小景，人物形态各异，画工精绝，广彩界称为"同治彩"的便是此类。此瓶不但颜色丰富，金

图6　清同治广彩人物双鹤耳大瓶

图7　广彩冷月栖篁图盘

图8　广彩群鹿纹圆瓷板

图9　广彩潘妃图花口盘

彩亦多，真可谓"金碧辉煌"，是这一时期广彩瓷的代表之作。可以说，广彩的装饰艺术也是从洋化到民族化、地域化的转变过程。反而装饰题材比前期简单，初期还有少量的徽章纹、船舶纹、西洋风物或者姓名缩写字母，后来主要以人物、动物、花鸟、草虫为主题，主题相近，形式重复，这种特点一直延续到现代，使今人一看便知是广彩。以外国政治人物、欧洲风景、农庄收割、狩猎运动或临摹画为纹饰的广彩作品，大多销往英国，多半被当地人用来调制鸡尾酒，据说鸡尾酒原先是专供狩猎者饮用的，当时狩猎在英国是最流行的运动项目[一三]。

四、晚清至民国初期为岭南画派文人画家参与广彩绘画的阶段

清末至民国初年，由于知识界和画家的参与，广彩瓷器出现了新彩绘组织，如"广东博物商会"、"羊城、芳村、化观瓷画室"等铭款。岭南画派的创始人知名画家高剑父、陈树人等在广州河南宝岗附近宝贤大街的一间旧式大屋内，开设了绘画和彩瓷艺术室，后又合股建立了"广东博物商会"。他们一面从事彩瓷的研究和生产，一面在博物商会烧窑处制造炸弹，并参与政治来支持革命。如岭南画派著名画家高奇峰、潘冷残、陈树人合画的冷月栖篁图盘（图7），据云"奇峰画雀，冷残画竹，而陈树人补冰轮"，其画麻雀七只，栖于雪竹上，下绘一圆月作初升状，是件十分难得的辛亥革命时期的纪念物。还有高剑父绘制的群鹿纹圆瓷板（图8），以墨彩绘梅花鹿六只，群鹿立于初春土肥草盛的田野上，岭头的公鹿仰首瞠目，似发现远方的敌人来袭，正在觅食的小鹿也都停止了吃草，随着警觉起来，神态生动，栩栩如生。还有一件广彩潘妃图花口盘（图9），内绘潘妃步莲图，书"潘妃己酉夏日先生大人鉴广东博物商会制"。潘妃是南齐东昏侯的妃子，东昏侯曾凿地为金莲花，令潘妃步行其上，曰："此步步生莲也。"虽然当时绘制了不少广彩瓷器，但可惜多已外销，留下来的很

少，所知的仅是香港艺术馆出版的《高剑父的艺术》一书中记载有高剑父所画的"螳螂盘"、"牡丹彩瓶"；广州市文物总店有一高剑父"猛狮盘"；广东民间工艺馆收藏的一件广彩寿星碟，图案是一老寿星用拐杖吃力的背着一个大寿桃，当是为人祝寿之用，虽寥寥数笔但画意生动自然，上题诗一首，下书"庚子（1900年）飞岩老人写于博物商会"。广东省博物馆还藏有一件盖有"羊城芳村化观瓷画室"红彩印款广彩盘，羊城芳

图10　陶胎广彩人物纹花盆

村化观瓷画室是和博物商会同时的另一彩瓷组织，产品多是山水、花鸟、人物的题材，很少使用图案作装饰，表现手法大多是国画的形式。"岭南艺苑"还有一些他们的得意门徒所绘制的彩瓷传世，广州市文物总店藏有赵少昂的彩绘向日葵盘，杨善深画的大红花盘等八件。他们代表了民国时期广彩瓷器的另一种风格，在这些瓷器中，已经感受不到广彩的绚彩华丽，完全是一种岭南画派的绘画风格。

　　另外，广彩工人在20世纪初曾在石湾陶器上加彩绘制纹饰，把石湾陶和广彩结合在一起，如陶胎广彩人物纹花盆（图10）就非常典型，因就近取材所以更加方便出口。

　　总之，"广彩"和外销是密切相关的，是因外销的需要而派生出来的，其胎体"乃于景德镇烧造白器运至粤垣"，"制成彩绘，然后售之西商"，故也称广彩瓷器为外销瓷器。广彩纹饰图案画法多是仿西洋技法，所绘纹饰亦适应外商的需要和所好。所用的彩料是"传统颜料和外国珐琅质颜料融会贯通，土洋结合而创造出来的"。除部分原料来自景德镇以外，大部分颜料是广州自制和进口改配制的，由此可见，广彩瓷器的釉上彩料可归为瓷胎画珐琅器一类。大致有如下彩料：

　　彩料颜色：使用进口和仿制色料，如水青，称为广翠，为蓝青色较鲜亮，似景德镇窑的青花颜色。

　　西红：与景德镇的胭脂红相似，广彩用水开颜色料，景德镇用油开颜色料，故而广彩西红薄而匀，景德镇粉彩和胭脂红则较厚。

　　干大红：似景德镇的矾红，但较矾红浅而鲜。

　　大绿：比景德镇的大绿稍翠一些，广彩有些泛黄较明亮。

　　麻色：似黄麻皮色，稍浓而亮，专绘西方题材常见的一种颜料，是广彩常用的一种颜色，景德镇的五彩、粉彩则很少用此色。广彩喜用金彩，金碧辉煌，闪闪发光，五彩与粉彩则少用。

　　茄色：由西红和水青配制而成，为紫色，但没有景德镇茄紫色浓艳。

　　广彩的绘画特点，喜用工笔画法，纹饰较规整，图案装饰性强；喜用满地开光（广彩厂称开"斗方"），花样一般有边、开光、有地，然后将主题内容安置在中心，主次分明，相互衬托。广

彩既有我国传统彩绘艺术的风格，又吸收了欧美的艺术精华，可说是中西文化交流的结晶。

新中国成立以后，在人民政府的正确领导下，从港、澳回穗参加祖国建设的一批广彩技术人员和内地的技术人员共六十余人组织起来，成立了广彩加工厂，后又改为"广州织金彩瓷工艺厂"，生产产品全部外销。

改革开放的前期，广彩厂出现了欣欣向荣的大好时期，1985年广州彩瓷厂与广东省博物馆联合举办了"广州织金彩瓷三百年名瓷展"，展出广彩新成果。此时在继承广彩传统的同时，向多元化发展，出现了多重性装饰，有色上色、色上描金、堆彩、堆金、多种色地描花等新技法。20世纪90年代改革的鲜花开遍南粤大地，新的彩瓷工艺在省内遍地开花，国营、集体、私营、合资、外资等各种体制相继建立，群雄竞逐，彩瓷事业空前繁荣，市场既外销也内销。新世纪的到来，给广彩生产提出更高的要求，开拓广彩历史新篇章，希望广彩瓷器这朵奇丽的花朵开得更加艳丽、更加兴旺。

［一］　冯素阁：《五彩、粉彩与广彩瓷器之区别》，《收藏家》1999 年第 37 期。

［二］　冯先铭等：《清代瓷器的输出》，冯先铭等《中国陶瓷史》，文物出版社，1982 年版，第 450 页。

［三］　同注［二］，第 451 页。

［四］　赵国垣：《广彩论稿》，第 14 页。赵国垣为广州织锦彩瓷厂最早唯一的中国工艺美术大师。

［五］　1936 年，吴敬业、辛安潮著《中国陶瓷史》说："广东广窑，模仿洋瓷，甚绚彩华丽，乾隆唐窑曾仿之，又尝于景德镇贩瓷至粤重加彩画，工细殊绝，以售外洋。"

［六］　广东民间工艺博物馆编：《赵国垣广彩论稿》，2008 年，第 19 页。

［七］　同注［二］，第 453 页。

［八］　景德镇陶瓷研究所编著：《中国的瓷器》，中国财政经济出版社，1963 年版，第 88 页。

［九］　陈玲玲主编：《广彩——远去的美丽》，九州出版社，2007 年 9 月版，第 38 页。

［一〇］　david sanctary Howard CHINES EARMORIAL POCELAIN, P349.

［一一］　同注［一〇］。

［一二］　马文宽、孟凡人编著：《中国古瓷在非洲的发现》，紫禁城出版社，1987 年版，第 54 页。

［一三］　同注［九］，第 84 页。

注 1：参照广东省博物馆编《广彩瓷器》，宋良璧、司徒宁合著："广彩瓷器概述"，作为依据。

注 2：部分图片的说明资料为沈贵女士提供。

民国时期石湾陶业发展概况

马　琳　*佛山市博物馆*

明清时候，石湾依靠丰富的自然资源、依山傍水的地理位置、水陆畅达的交通条件以及佛山发达的手工业、商业和对外贸易，其制陶业进入了繁盛时期，成为我国岭南重要的陶业基地。"石湾多陶业，陶者亦必候其工而求之，其尊奉之一如冶。故石湾之陶遍二广，旁及海外之国。谚曰：石湾缸瓦，胜于天下。"[一]清代，石湾陶业进入全盛时代，"缸瓦窑，石湾为盛，年中贸易过百万，为工业一大宗。"[二]但是到清末，由于外国资本主义势力的入侵以及洋货的大量涌入，石湾"近人日用器皿喜用舶来品，以其价廉且美观也。其中尤以东洋输入为多，次则德、澳、英、美等国、店号大小数十家。"[三]石湾陶业受经济不景气影响，渐被洋货侵夺，营业日渐衰落，这些因素都制约了石湾陶业的发展。

251

一、不稳定的经济、社会环境

在相当长的一段时间，佛山的社会经济环境一直都比较安定，即使明末清初的战争，亦未对其造成严重的破坏，再加上清政府在广东的一系列政策，有力地推动了佛山工商业的发展，对佛山的稳定繁荣起到了重要的作用。

鸦片战争以后，外国资本主义势力的入侵，洋货的大量涌入，促进了自然经济的解体，石湾陶业也遭受了严重的打击。民国初期，石湾陶业比全盛时期的清代已明显开始走下坡路，到了20世纪30年代更为剧烈。"在最近几年，石湾陶业一落千丈，六十四条窑，从前是开齐的，现在没有一半生火，工人失业……好景的时候，全年的产额，可得二、三百万元，现时仅四、五十万元。"[四]

1938年10月，日军铁蹄踏进石湾。在日伪统治时期，石湾惨遭日军焚烧，众多手无寸铁的陶工和群众被残杀、迫害，陶窑和商店歇业，工人失业、农村破产，人民生活十分困苦，少壮四散谋生，老弱饿殍载道，情况目不忍睹。1945年，抗战胜利后，石湾陶瓷业虽有好转，但因内战抽丁征兵役，金融动荡，物价飞涨，苛捐杂税，地方不宁，因而百业凋零，陶窑多数停火，陶业衰落，少数陶工只有在家生产，以维生活，以致陶工生活，仍然朝不保夕。据张维持《广东石湾陶器》载："1945年抗日战争胜利时，这里的陶窑有四分之三被严重破坏，不能使用，仅保存十七座，其中只有七座能进行按时生产，从业工人不过1000人。"[五] 日本侵略军投降以后，由于各地货源欠缺，客商纷纷来订货，石湾陶业小作坊逐渐恢复起来，但因石湾陶业行会组织界限严格，诸多行规陋习等石湾陶业传统落后的一面与国民党政府加诸的种种摧残等等，使得石湾陶业面临重重困境，在"抗日战争和抗战胜利后的三年多内战中，更是几乎到了断绝的境地。"[六]

二、面临困境的石湾陶业

辛亥革命以后，在国民党政府的统治和剥削下，我国对外贸易随着政治的腐败、经济的崩溃而愈趋衰落。"道光间，英人入我广州，谋国不善，制大屿岛以和，即今之香港也。自是海舶集于是岛，又五口分设商埠，非粤货不到广州。咸丰庚申以后，各国纷请立约，洋货充斥，我国商务，愈不可向，而佛山先承其弊。夫彼既以通商来，我当以通商往。彼能来，我不能往，非策也。忧时之士于是有商战之议，其策三：一曰振兴土货，二曰师彼之长，力图抵制，三曰视彼我之所缺，权其缓急，以为操纵，或输之使往焉，或辇之传来焉。商战之善者也，而必以人才为根本。我粤世长海滨，开通最早，其管业各州连拥大埠，富敌彼国者，不乏其人。"[七] 时人尽管表现出了振兴实业，务实进取的民族自信心，但当时整个社会环境动荡不安，中国城乡手工业均受到严重打击而衰落破产。从20世纪起，日本商人先后在上海、天津及东北等地开设了多个大型陶瓷工厂，利用中国廉价的劳动力和原料，使用机器生产，排挤了中国陶瓷产品的国内外市场。首先受到排挤的是华北、东北和华中，接着是华南。到20年代，石湾陶业终于抵挡不住而面临重重困境，而其墨守成规的举措，"以致它的技术日趋衰落，产品销路日少，如1928年，统计全部出口尚值三百余万元，1929年，则减少为两百余万元。"[八]

佛山地理位置优越性的丧失，对石湾陶业同样有着非常大的打击。佛山涌是佛山的生命线，水上交通的畅通与否，关系佛山的兴衰。道光《佛山忠义乡志》记载，佛山涌"加浚深广自明景泰间始。当日以木栅为城，以通涌堑为池……非宽广深渺不为功，而吉祥遂从此兴矣！声名文物日进而上，商贾货贝日集而繁，居是乡者可忘所自欤！"[九] 这充分肯定了佛山涌在佛山经济发展史上所产生的影响。石湾西南临西江，西可达肇庆、高要、德庆、梧州、南宁，北可通清远、英德、曲江、韶关、乐昌，沿河即可通广州。在中国对外贸易史上，"海上丝绸之路"的起点之一就是广州，而石湾比邻佛山、广州，水陆交通均很方便，广州是一个很早对外通商的口岸，石湾陶器借广州这一转运站，销售到东南亚各地。可见完备发达的水运交通，依托佛山这一与广州双足并重的岭南中心市场城镇，是保障石湾陶瓷制造业百年兴盛的必要条件。清中叶，佛山水域逐渐淤浅，加之河道疏浚不善，江面越来越狭窄。"按涌自新涌口入佛山镇，周环三面，至栅下文堉入海，表长二千八百三十丈，衡自十三丈至三、四丈不等。

士大夫以为文脉，商贾以为财源，而藉余潴以灌田亩，通舟楫以便行旅，其尤彰明较著者也。顾岁久湮塞，嘉庆二十一年，李茂才荣邦就其所居观音堂一带，清浚四百余丈，以费绌而止。"[一〇] "道光初修浚至今，垂百年矣。淤塞日久，秋冬水涸，鸡犬可过。"[一一]可看出，到民国时期，佛山河道已经到了如此严重的淤塞境地，甚至出现了只有在潮汐水涨时才能通航的严重状况，妨碍了陶业生产原料输入与成品的输出，致使产业基地开始迁往其他地方。

三、制陶业之一抹亮色

中国社会发生巨变，往往沿海地区总是首当其冲，中西方文化在这些前沿地带发生碰撞、交错，并逐渐向内地扩散。广东处在这样特殊的地理环境，"民初至抗战前，制陶业之发展进步，表现在逐渐适应时代的发展，出现了制陶技术工艺的改革要求和实践。"[一二]如"协兴电料瓷器公司，在锦澜铺晚市街厚俗里。镇人霍仲明创办，制品坚牢，足敌洋货，人乐用之，近颇畅销。"[一三]石湾陶瓷产品以其美观实用和大众化而著称，由于社会需求量的剧增，促进了石湾陶瓷产业的进步更快，石湾是岭南制陶中心和出口基地，产品远销越南、马来半岛以至印度、阿拉伯及非洲。

与清末民初陶器产业的萧条相比，石湾陶器的发展却显现了出亮色。对此，早有研究者指出："民初时，美术陶业进入了其全盛时期，在社会上之影响与日俱增。艺术创作曾一度繁荣，名师辈出，成就之高，可谓前无古人。"[一四]出现了众多陶塑名家如陈渭岩、潘玉书、潘铁逵、温颂龄、刘佐朝、刘传等。"独立的石湾陶塑人物塑像始于明代晚期，盛于清末民初。"[一五]最初的陶塑人物用于祭祀等场合，多为仙佛、罗汉、达摩等民俗题材，如佛山市博物馆馆藏石湾窑红釉持书老人坐像、刘传塑白釉观音坐像等，均反映了民国年间石湾陶业人物创作方面的进步。特别是刘传，作为土生土长的石湾人，既受潘玉书的感染，又博采当时各家所长，是继潘玉书之后的一代大师。他的作品无论造型、姿态、神韵、衣纹等，既有潘玉书的影子，又有个人的独创，二者融为一体，在为解决传统陶塑如何反映当今人物生活上提供了可贵的参考资料，是一个继往开来的石湾陶塑的代表者。在这一转型过程中，还有一位以善动物陶塑著称的陶艺大师区乾，他和善人物公仔的刘传一起，创造了佛山陶艺史上双峰并立的局面。

石湾匠师们，在大师们影响下，运用本地的陶土和釉料，制成各种既实用、又美观的器物，以鸟兽、虫鱼和植物的形体加以变化，塑造成各种各样的小品用具及各种动植物造型的花插、壁挂、文具、烟盅等,雕塑也以当地群众最常见的渔、樵、耕、读、仙佛、历史英雄人物和牛、马、狮、猴、鸡、鸭等形象为题材，多形神兼备，栩栩如生，为人们最欣赏，亲切地称之为"石湾公仔"。艺术创作植根于民间，石湾每件作品充满着浑厚、粗犷、质朴、率真的审美情趣，逐步形成自己的风格，在兼收并蓄、善仿善创的发展进程中，成为中国乃至世界陶艺史上的一朵奇葩，佛山的石湾公仔名扬四海，那生动传神的造型，那流光溢彩的风情，让人深深地沉湎于泥土与水火所凝聚而成的艺术之中。

奈何,当时的石湾陶业日渐式微，势单力薄的石湾艺术陶业即使大师辈出，也不能挽救整个行业江河日下的命运。

［一］　广东省社会科学院历史研究所中国古代史研究室、中山大学历史系中国古代史教研室、佛山市博
　　　　物馆：《明清佛山碑刻文献经济资料》，广东人民出版社。

［二］　同注［一］。

［三］　同注［一］。

［四］　佛山市陶瓷工贸集团公司编：《佛山市陶瓷工业志》，广东科技出版社。

［五］　张维持：《广东石湾陶器》，广东旅游出版社，1991 年版。

［六］　马梓能：《佛山陶瓷文化》，岭南美术出版社，2003 年版。

［七］　冼宝干：《佛山忠义乡志》卷一四《人物》，民国十二年版。

［八］　同注［五］。

［九］　《佛山忠义乡志》水利篇

［一〇］　同注［一］。

［一一］　同注［一］。

［一二］　佛山市博物馆：《佛山市文物志》下卷。

［一三］　同注［一］。

［一四］　孟涵：《从"裕华花盆"看民国时期石湾陶业 》

［一五］　魏华：《1979 年到 2009 年石湾陶塑人物创作研究》,《中国陶瓷》第 46 卷第 8 期，2010 年 8 月。

略论新中国成立前后石湾人物陶塑艺术的发展与变化

孙丽霞　佛山市博物馆

每种艺术的艺术风格的形成、发展和变化都需要一个阶段的积累和酝酿，它受所处时代的政治思想、社会环境、文化艺术氛围以及所处地域的生活习惯、风土人情、传统喜好等因素的影响，是一个渐变的过程。所以本文是以1949年新中国成立为分水岭，比较新中国成立前清末至民国和新中国成立后1949年至1966年两个阶段的石湾人物陶塑艺术的发展与变化。1966年"文化大革命"爆发，我国社会的政治、经济、文化艺术都发生了巨大的突变和割裂，所以不在讨论范围内。

一、清末民国时期石湾人物陶塑艺术发展概况

清代中叶以后，石湾陶塑艺术发展迅速，至清晚期到民国，石湾人物陶塑艺术真正进入鼎盛时期。其主要表现在以下几个方面：

1. 题材丰富

清末民国时期石湾陶塑人物的题材非常丰富，主要有三大类。最大一类是佛教、道教人物及神话传说人物，其中以弥勒佛、罗汉、达摩、观音、济公，布袋和尚、福禄寿星、钟馗、八仙、和合二仙等为多，这类题材是当时最主要的题材。这是由于当时信仰佛教、道教的民众非常普遍，通常会在家供奉神像、佛像，有着大量的市场需求。另一个原因是，这类的题材是传统题材。从明代起，艺人们就在塑造这类塑像，石湾陶塑的传承都是师傅带徒弟"口传身教"式的，雕塑题材也是他们传承的一部分。第二类是历史、戏剧、小说人物及文人仕女。如廖作民的《太白醉酒》、潘玉书的《貂蝉拜月》和《踏雪寻梅》、霍津的《李清照》、刘传的《武松》、《抚琴高士》及《弃官寻母》、刘佐朝的《居士》、吴佩添款《关公夜读》、《倚书仕女》、《夜读春秋》等等。第三类是市井百姓。如刘佐朝的《拍蚊公》、陈渭岩的《持蚌童子》、潘玉书的

《抱桃童子》、刘传的《渔歌唱晚》、《瘦骨仙》、《挖耳》、《挑刺》、《唱书人》、《抽水烟筒》等等。"由于石湾艺人长期生活在人民群众中，对他们的面容、性格、举动、感情都有较深的了解和深刻印象，当艺人们有意识去塑造他们的形象时，就能做到神形毕肖了。如担柴的樵夫，垂钓的渔翁，骑牛的牧童，荷锄的农夫，执书的士人，执木刨的工匠，伛偻的老人，下棋的奕者等等，加之当地的习尚，或上裸下跣，或穿木屐，或短裤蓑衣笠帽，更富地方色彩，栩栩如生。"[一] 艺人不仅对题材人物极为熟悉了解，也有很深厚的感情，所以塑造起来得心应手，创作的作品生动准确、趣意盎然，有着浓厚的生活气息。同时，这类题材也能从各个侧面真实地反映当时民众自然朴素的生活状态。石湾陶塑人物题材从宗教信仰、民间信仰的精神领域到历史和现实生活，几乎无所不包，丰富的题材给石湾陶艺家们提供了广阔的创作空间，为石湾陶塑人物艺术的发展开拓了更加宽阔的道路。

2. 鲜明地方特色和时代特征

清中晚期之前，石湾陶塑人物线条简洁、风格粗犷，脸部施釉，不讲究表情的细致刻画，以神取胜。至清末民国期间，石湾艺人在实践中不断摸索学习，注重观察现实生活，善于学习、借鉴绘画、雕刻等艺术门类，陶塑人物的脸部基本不施釉，面部表情更细腻，整体造型更生动准确，达到了"以形传神、神形兼备"的境界。当时以陈渭岩、潘玉书、刘佐朝、霍津等为代表的陶艺家，创作了大批优秀作品，也形成了独特的艺术风格。

其一是人物造型有着浓郁的地方性。"石湾陶塑艺术在人物的塑造上，艺术家情有独钟，无论是古典题材或现代题材，也无论是英雄人物、神仙人物，艺术家都把他们'改造'为岭南人的形貌，使一个个陶塑人物有如生活在我们百姓之间的'平民'。"[二] 这也就是在石湾陶艺界通俗说的"熟口熟面"。又如，在传统文化中威严庄重的罗汉形象，在石湾陶塑艺术中姿态千变万化，如《持钵罗汉》、《芭蕉罗汉》、《降龙罗汉》、《罗汉戏犬》、《长眉罗汉》、《读书罗汉》、《坐禅罗汉》、《戏龟罗汉》、《哨牙罗汉》等等，他们姿态轻松，神情自然，甚至有几分嬉闹自在，让人觉得熟悉亲切。石湾陶塑艺术是来自民间的艺术，艺人就是生活在社会底层的劳动者，他们土生土长，审美意识和情趣带有浓厚的乡土气息。尤其是反映市井民众生活的塑像，更加鲜活地反映这一特点。如刘传20世纪40年代创作的《唱书人》，说书艺人赤裸上身，席地而坐，嘴巴大张，专注地说唱，造型十分生动，仿佛能听到他抑扬顿挫的说唱声。同时，从他皮包骨头的身材、黝黑的皮肤、简陋单薄的衣衫，也能看到当时底层劳动者生活的艰辛和不易，感觉到他人前强装欢颜的辛酸。《拍蚊公》、《抽竹筒水烟》、《挑刺》、《织女》、《夏夜招凉》这些作品十分突出人物的动感，一个个活灵活现、略有夸张的形象，真实地再现了市井百姓现实生活，也能感受到作者对这些身边人的熟悉和喜爱。

其二人物造型的时代性。清末至民国时期，中国社会内忧外患，民众饱受煎熬。林明体先生说："民国以前的作品，尤其是人物题材的陶塑，从整体氛围看上去，不论名家还是名不见经传的一般艺人的作品，大多呈现出一种深沉、凝重、平静、安逸或哀伤的韵味。"[三]八仙之一的李铁拐本是逍遥自在的仙人，但从刘传20世纪40年代塑的两尊《李铁拐》来看，无论是从他的身姿还是表情都无法感受到他的逍遥自在。其一尊坐于大石上，头略低，身体前倾，面色凝重，嘴角下耷，满腹忧思。另一尊是立像，抬头，背略驼，身体重心左倾，似乎站立不稳要倚仗左手挂着的拐杖；面部肌肉线条突出，双眉紧锁，一副愤世嫉俗、心绪不平的样子。另外，虽然当时人物陶塑的题材、造型是丰富多样的，但《瘦骨仙》却是最流行、产量最大的一个题材，潘玉书、刘传等当时许多陶艺家都塑过。瘦骨嶙峋、青筋暴露、赤裸上身、面色忧郁，是这个人物的共同造型，也是那个时代的人物特征。更准确地说，是当时贫苦、困顿的广大民众现实生活的写照，是生活在内忧外患、民不聊生的社会环境中的作者感同身受的体验。

其三采用夸张的手法来表达人物的性格特点。刘传说："在艺术上能否运用夸张的手法，也是作品能否达到传神的关键。在艺术上越能恰当地运用夸张的手段，作品的性格就越发强烈，思想性越深刻，主题越明朗，感染力也越大。"[四]可见，适度的夸张是石湾人物陶塑传神重要的表现手法。民国《青釉寿星戏孩》中，寿星的头巨大，大约占到了身体的四分之一，而他手捧的桃子更是大过了寿星的头，作者通过这种夸张造型，突出强调祝福祝寿的吉祥寓意。又如刘传的《李逵闹江州》中的李逵，五官变形、肌肉线条突出、身体动作夸张，来表达他的凶悍、勇猛和无所畏惧。刘佐朝的《拍蚊公》，屈腿、弯腰、伸脖、身体前倾、举手，嘴巴大开像呼喊着什么，像这样的动作幅度打虎都够了，他偏偏是打一只蚊子。作者就是通过这样夸张的动作来表现人物的动感，甚至是创造了一个复杂的故事情节，让观赏者都有被他带动参与的感觉。石湾艺人们无论是塑造人物的地方特征还是时代气息，都离不开夸张的手法，这是石湾陶塑艺术最重要的表现手段。

3. 丰富的传统文化内涵

石湾人物陶塑是清末民国时期佛山及珠三角乃至更广泛的地区民众精神文化生活的重要组成部分，包含着丰富的文化内涵。首先是民众宗教信仰的寄托。由于当时人们佛教、道教的信仰很普遍，所以陶塑佛道神仙很多是用来供奉的。面对这些或慈祥或威严或端庄的神佛塑像，人们祈求或诉说，希望能够得到护佑，使亲人朋友平安、健康、如意，这其中寄托着无限深厚的情感和无数人生理想。其次是儒家文化的传承。在这方面的表达，石湾艺人多选择历史、戏剧人物为代表。如代表忠贞、有气节的《苏武牧羊》、《昭君出塞》、《蔡文姬》；代表孝道的《弃官寻母》、《舍子奉姑》；代表义气、情义的《虬髯公与李靖》、《风尘三侠》；除暴安良英雄气概的《武松打虎》；代表文人自身修养、志趣的《踏雪寻梅》、《米芾拜石》、《伯牙背琴》等等。第三是民间吉祥文化的写照。如有祝寿寓意的《东方朔偷桃》、《寿星》、《寿星坐鹿》；象征迎祥纳福的《钟馗迎福》、《福在眼前》；象征夫妻恩爱、团圆的《张敞画眉》、《和合二仙》；寓意发财的

《刘海戏蟾》、《财神》；求多子的《钟馗送子》、《观音抱子》；消灾渡厄的《吕洞宾》、《李铁拐》，驱邪逐疫的《钟馗捉鬼》、《钟馗镇妖》等等。

二、新中国成立后石湾人物陶塑艺术的变化及特点

在新中国成立最初几年，是石湾陶塑艺术新旧艺术思想、题材、创作形式的一个交替时期，交替过程相对平稳，变化并不是特别大。题材上，神佛道仙类的明显减少了，但许多历史、戏剧、小说人物类还在沿用旧的题材，如《拳打镇关西》（1954年）、《读书公》（1954年），《武松醉打蒋门神》（1955年）等等，甚至内容并不健康的《黄包车》、《担金钱》[五]还在生产。造型、表现手法等方面基本延续了民国时期的风格。但新的社会制度、政策、新的艺术思想的影响力越来越大，石湾陶塑艺术的变化虽然不是狂风暴雨式的，但新旧交替已是必然趋势。很快在20世纪50年代中至60年代中期，带有新风格新气象的石湾人物陶塑艺术出现自清末民初以来的又一个繁荣局面。

1. 反映社会主义建设，歌颂革命英雄、劳动人民的题材逐渐成为主流

"五十年代中期以后，……石湾的人物陶塑作品创作在文艺为社会主义服务、为人民大众服务的方针指引下，不但传统的题材注入了新的思想，焕发出崭新的生命力，而且还增加了许多更接近现实生活的新题材、新内容和新形象，出现许多艺术性和思想性都较高的作品。"[六]新题材以反映现代社会的生产和斗争为主要内容，表现工农兵、革命领袖、文学艺术家、科学家和英雄人物的艺术形象。民国时已负盛名的刘传，虽然还在创作传统题材，但有了一定的选择性，如选择表达爱国主义情怀的《花木兰》、《苏武牧羊》、《昭君出塞》、《林则徐》，对社会历史有贡献的科学文化名人《李时珍》、《僧一行》、《孟浩然》、《关汉卿》等。同时也开始了新的题材创作，如《鲁迅》、《崇高的职业》、《刘胡兰》、《工农兵》、《志愿军》、《田间学习》等等。庄稼是新中国成立后从部队来到石湾，拜刘传为师，开始从事陶艺工作的。他创作的作品有《爱莲》（1953年）、《广州起义赤卫队员》（1954年）、《白居易解诗》（1955年）、《焦裕禄》1965年等。新一代土生土长的刘泽棉、廖洪标、黄松坚等石湾陶艺人到农村、海防前线、渔村体验生活，到北京、上海等地参观学习，开阔了视野，吸取创作素材和灵感，创作了大批反映时代特色的作品。如刘泽棉的《妈妈也炼钢》（1959年）、《海军与小孩》（1960年）、《喜悦》（1963年）、《三代民兵》（1965年）等，廖洪标的《我们不要战争》（1959年）、《厨师追鹅》（1960年）、《红岩》（1960年）、《女社员》（1960年）、黄松坚的《饲养员》（1962年）、高永坚的《老陶工》等。甚至少数民族人物也出现在了石湾陶塑人物中，如刘传的《藏族歌手》、《牧羊》，庄稼的《苗女》和《塔吉克姑娘》，刘泽棉的《刘三姐》等。

2. 充满张力，富有时代气息的造型

"石湾陶塑艺术如果以20世纪50年代划界，50年代以后的作品的整体形象有一种内在的张力，无论是写实或夸张变形，大题材或生活琐事，仙佛道抑或真（现）实故事人物，动物或器皿，都蕴含着一种健康美感，蕴藏着巨大的活力。"[七]石湾人物陶塑艺术随着题材的变化，造型也发生了很大的变化。首先，从身材、容貌和服饰上看，人物陶塑题材表现最多的工农兵，他们虽然也是普通百姓、战士，原来塑造市井百姓的典型"瘦骨仙"式的身材不见了，身材变得健壮，挺拔，结实。男性人物的面容变得饱满，以前短脸、高颧骨、脸部线条突出的"岭南人"特点不鲜明了，有向浓眉大眼方向发展的趋势。原来百姓人物的衣服少，常常赤裸上身，穿条短裤，光脚，或敞怀，而"工农兵"的衣衫虽朴素但整齐，常常穿着有明显职业身份的服装，如《崇高的职业》主人公的护士服、《饲养员》里的围裙和水靴、《厨师追鹅》里厨师的帽子和围裙。虽然作品中都是些普通的劳动者，但这样的刻画却能让人们感受到他们职业的自豪感，这也表达了作者对新时代各行各业劳动者的尊重。其次，从人物的神情、气势上看，除了英雄人物、革命领袖表情或严肃或豪迈或无所畏惧外，其他普通人物的神情常常是自信、快乐、积极向上、专注。高永坚的《老陶工》带着老花镜，低头专注地拉陶坯。这种专注的神态，不仅更好地体现人物自信、自豪的内心世界，还有更广泛的时代意义和社会价值。刘泽棉的《喜悦》塑造一位老农，坐在一块石头上，右手里端着一碗水，左手摁着放在左膝上的斗笠。老人家也饱经风霜，却满脸笑容，享受着丰收的喜悦，有发自内心的快乐和踏实。女性人物塑造变化也很大，以前着重表现的女性柔美、娇媚大大减少了，最有代表性的人物，如慵懒的杨贵妃、娇柔的仕女、弱不禁风的貂蝉等几乎没有了，女性变得健康、强壮、神情坚定，如《崇高的职业》中的女护士、《妈妈也炼钢》中的妈妈、《埋地雷》中的女民兵、《八女投江》中的八位女战士等等。作者突出塑造女性在火热的生产和战斗中所表现出来的独立、自信、勇敢，为国家、为社会做贡献的能力。面对这个时期的人物雕塑，热烈、激奋、豪放的韵律感扑面而来，鲜明地表现出了当时的中国人民昂扬奋发、刚健沉稳、自强不息的气势。再次，表现手法比较写实，不夸张。这段时期，由于塑造的人物以现实人物和历史人物为主，所以人物的身材比例合理，衣着朴素合体，神态、动作与其身份、职业、环境相一致。作者通过历史人物榜样的力量来照进现实，通过对现实人物的生产、生活状态的刻画，表现当时热火朝天建设社会主义的真实现状，人们积极向上的精神状态。

三、石湾人物陶塑艺术发展变化的原因

丹纳在《艺术的哲学》中说："作品产生取决于时代精神和周围的风格"[八]。任何艺术都不可能脱离她存在的社会环境和时代风貌，石湾人物陶塑艺术作为一种民间艺术，更是深深地扎根于社会，扎根于民众。1949年，中华人民共和国的成立，是中国社会政治、经济、宗教、文化艺术翻

天覆地的一次变革。石湾人物陶塑艺术必然会随之发生巨大的变化。

1. 社会环境的变化

新中国的建立，全新的制度、思想、社会价值观、审美观和生活方式使得石湾陶塑艺术进入一个新时代，呈现质的飞跃和突变。在文艺为社会主义服务、为人民大众服务的方针指引下，石湾的人物陶塑作品创作不但在传统的题材中注入了新的思想，也增加了许多以反映现代社会的生产和斗争为主要内容，表现工农兵、革命领袖、文学艺术家、科学家和英雄人物的艺术形象。另外，由于政府对"封建迷信"的破除和禁止，关于宗教信仰、民间信仰（包括吉祥文化）类的题材锐减，对于以儒家文化为代表的传统文化也是有选择地进行宣扬和保留，突出体现爱国主义、集体主义、英雄主义和民族气节。

新中国成立前，由于受外来产品的挤压，长年战乱的影响，到20世纪40年代，许多石湾艺人有的流落他乡，有的改行，石湾陶塑艺术处于萧条的状态[九]。新中国成立后，政府很重视石湾陶瓷业的发展。1950年，广东省副省长朱光到石湾访问，后又在广州约见刘传，恳谈石湾陶艺恢复发展事宜。1952年广州人民美术社石湾工场成立，由区乾和刘传主持。广州人民美术社由高永坚、谭畅主持。刘传、廖坚、区乾等一批当代名家先后加入了石湾陶瓷厂。1956年，石湾美术陶瓷厂成立。政府的重视和扶持，为石湾陶塑艺术的恢复和发展创造了良好的客观条件，推动了石湾陶塑艺术的发展。

2. 作者的变化

新中国成立后，石湾陶塑艺术的创作群体发生很大变化。第一，新中国成立前绝大部分都石湾本地人或珠三角一带的人。他们都从学徒做起，跟着师傅一步步学习成长。新中国成立后，政府部门为了充实石湾创作力量，选派了一批有美术专长的文化干部到石湾，如高永坚、庄稼、曾良、谭畅等人。还有美术院校的毕业生来到石湾，他们受过系统的艺术理论教育和专门训练，有比较宽阔的艺术视野和扎实的艺术功底，给石湾陶塑艺术创作注入了新的气息，壮大了石湾陶塑艺术的创作队伍，提高了石湾陶塑艺术创作的文艺思想和理论水平。第二，新中国成立前，石湾艺人生存条件艰辛，常常是为了养家糊口而制作陶塑作品，为市场制约，对艺术创作的追求不强烈。新中国成立后，石湾的制陶艺人由单独的私营店铺、窑场的工人和技师，成为国家和集体性质企业的一员，是当家做主的工人阶级。他们社会地位提高不仅缓解了生存的压力，内心的感受不一样了，创作的动力和心态都不一样了。第三，创作者有了更多的交流学习、深入实践的机会。20世纪五六十年代石湾曾选派年轻骨干去美术院校学习进修。刘泽棉于1958年到中央工艺美术学院进修，1958年，廖洪标参加中央工艺美术学院"民间雕塑研究班"学习，1961年，刘传应中央美术学院邀请，举办石湾人物陶塑技法学术讲座并传授技艺。1960~1963年，庄稼受聘为广州美术学院客座教师，讲授陶瓷雕塑。1964年庄稼参加中国美术家代表团去波兰、匈牙利东欧国家和地区考察。通过这样的学习、交流，石湾陶艺创作者视野更开阔，胸怀更广阔了，艺术创作水平和能力有了突破性的提高。

3. 理论的总结

1961年，刘传应中央美术学院邀请，举办石湾陶塑人物技法学术讲座并传授技艺。他在讲座中，根据自己几十年的创作经验，总结介绍了石湾人物陶塑艺术品在人物造型和艺术表现手法、艺术风格方面的理论和创作原则。如"相"之十格——"由、甲、申、田、同、王、国、日、用、风"和"十浊一清，十清一浊"及"丑而不陋，奇而不怪"等等。几百年来，石湾人物陶塑艺术就是一种口传身授的民间艺术，只有经验，没有理论的传授。申家仁教授说："当代石湾陶艺创作、制作人员不同于前代艺人的一个重要方面，就是注重艺术理论的学习和创作经验的总结，注意用理论和一定的艺术观念指导艺术实践，具有艺术的自觉。"[一〇]刘传理论和创作原则的出现，是石湾陶塑艺术从自发艺术到自学艺术的一个转折点，也是推进石湾陶塑艺术发展与变化的重要力量。刘传是新中国成立前后石湾陶塑艺术承上启下的一代宗师，他对石湾陶塑艺术的贡献，绝不只是他的作品，他的理论影响了石湾陶塑艺术一代又一代传人。他的学生庄稼、刘泽棉、廖洪标都是石湾50年代到60年代中期优秀的陶艺家。刘传的这些陶艺理论和创作经验，不仅对他个人的艺术创作有重要意义，也丰富了石湾人物陶塑艺术理论，扩大了石湾陶塑艺术的影响力，推动了它的传播和发展，对于当代石湾陶业界都有重要的影响和指导意义。

［一］ 张维持：《广东石湾陶器》，广东旅游出版社，1991年版，第104页。

［二］ 林明体：《石湾陶塑艺术》，广东人民出版社，1997年版，第95页。

［三］ 同注［二］，第103页。

［四］ 刘传：《论传神》，刘孟涵编著《刘传》，岭南美术出版社，2010年版，第56页。

［五］ 刘传：《在全国工艺美术艺人代表大会上的发言》，刘孟涵编著《刘传》，岭南美术出版社，2010年版，第14页。

［六］ 莫鹏：《浅析石湾人物陶塑创作特色》，广东省博物馆编《石湾窑大师作品选》，岭南美术出版社出版，2004年版，第217～227页。

［七］ 同注［二］，第282页。

［八］ ［法］丹纳：《艺术的哲学》，敦煌文艺出版社，1994年版，第41页。

［九］ 同注［二］，第30页。

［一〇］ 申家仁：《论当代石湾陶艺的发展》，《佛山大学学报》，1996年第3期，第9页。

魂瓶中的神仙信仰因素

——佛山市博物馆藏魂瓶浅析

程 宜 佛山市博物馆

魂瓶是中国一种历史悠久的随葬陶瓷明器，长江中下游地区汉末至西晋时期的墓葬中比较常见，以后历代也都有不同程度的使用。一个古老的关于伯夷叔齐耻食周粟而饿死于首阳山的传说，长期被认为是使用魂瓶的起源。为了安慰这两位饥饿的亡魂，伯夷和叔齐的家乡父老在安葬他们时，特地在墓中放入了"五谷袋"，由此形成了魂瓶随葬的礼仪。宋代高承在《事物纪原》卷九中云："今丧家棺敛，柩中必置五谷罂者。"[一]即为此类。考古发掘资料显示，其实在此之前的原始人类，已经开始使用类似功能的陶器。安慰饥饿的亡魂仅仅是魂瓶功用的其中之一，魂瓶的功用在各个时期和不同地域一直在发展演变，形成了极为丰富的内涵和颇具神秘的性质。不少专家对此进行了研究与解读。如今，人们普遍认为魂瓶是作为死者灵魂的居所而存在，是丧葬中的收魂、安魂之器。这一认识在文献中也得到证明："魂堂、几筵，设于寝，岂唯敛尸，亦以宁神也。"[二]六朝之后，魂瓶的使用明显萎缩。然而在北宋，一种青白瓷堆塑长颈魂瓶开始在南方地区出现，南宋颇为盛行，元明逐渐衰落。佛山市博物馆所藏魂瓶，就是这种青白瓷堆塑长颈魂瓶。

一、馆藏魂瓶基本信息

佛山市博物馆现藏青白瓷堆塑长颈魂瓶共八件，均为瓷质，为1973年和1986年分别由广东省博物馆和广东省文物管理委员会调拨而来。文物资料的原始记录比较简单，标注年代为宋代，没有出土和产地信息，也没有其他相关信息。为了方便分析，笔者根据八件魂瓶的形制、装饰、材质等因素，将它们分为四组。

第一组包括1、2、3号三件魂瓶（图1），其高度都在50厘米上下，形制相似，装饰较为简单，敛口斜直唇，口沿下有凸檐，颈细长，颈壁呈螺旋纹，鼓形腹，圈足外撇。瓷质白中偏黄，因此，施透明度较高青白釉后，仍能显现略黄的胎色。塔帽形盖，顶部有瑞鸟。颈长占器身的二分之一略

| 1号 | 2号 | 3号 |

图1

多，颈底部堆塑有12位呈站姿的女性，宽袍大袖，头披巾（一说风帽），双手合于腹部，持拂尘，形态庄严，应为女性道人。塑造较为粗率，五官模糊。往上，瓶颈较细的部位，有一条塑造同样粗率的龙盘旋其间，由于龙身并无细节刻画，仅为一根泥条略作弯曲贴于瓶颈，龙尾形似蛇尾。龙头也极为写意，如果不联系龙身观察，你也许不敢确认它是什么动物。从龙头和女性人物的塑造上，可以看出这组魂瓶的立体塑造趋于平面化，龙头如小朋友随意玩捏的泥团，通过简单的贴、戳手法，显现出似是而非的五官，样子倒是颇为拙朴可爱；女性人物是用模印泥板成型后贴塑的，从侧面可以看出每个人物都只是几毫米厚度的薄瓷片。三件魂瓶在颈部都贴塑少量祥云，并在接近龙头的上前方有祥云托日贴塑图像。

第二组包括4号和5号（图2），两件魂瓶的高度都在50厘米上下，腹部比第一组偏细长，呈棒槌形，颈壁与其他六件魂瓶不同，是光滑的素面。施透明青白釉，从瓶颈贴塑的断裂处可以见到洁白致密的瓷质。4号盖顶瑞鸟俯身向下探头，蹲于有分界的四座山之巅。瓶颈长度占器身的二分之一或略多，颈底部堆塑的12位女性与第一组情况相似。瓶颈上部的蟠龙，龙身、龙爪出现少量细节刻画。龙头上前方有祥云托日，龙的四周祥云充满每个空间，两只魂瓶的祥云堆塑特色明显，每朵云的造型状如螺层高耸的海螺，螺头尖锐。5号站立于瓶边的12位女性脚下，比其他魂瓶多了一层贴塑海波纹结构，象征大海，表示人物处于海边。

第三组包括6号和7号（图3），这两件魂瓶的高度都在60厘米以上，瓶颈明显加长，大约占瓶身的三分之二。胎质灰白，施透明青白釉，釉色偏青，略有开片。颈下部环绕贴塑12位神态庄严呈站姿的男性人物，宽袍大袖，头略低垂、披巾，右手举至唇边，似在祷念，左手持拂尘置于腹部，应为男性道人。这些人物做工细致，衣纹流畅，立体感强。蟠龙和祥云的塑造也生动细腻，有较高的艺术性。这组贴塑装饰内容比第一、二组更为丰富，出现龟、蛇、鸡、犬等动物。

第四组其实只是单独的一件，即8号（图4）。这是四组魂瓶中装饰最为丰富精美的一件。瓶高59.2厘米（缺盖），如果按照现有比例补上瓶盖的话，此魂瓶高度应该在80厘米左右。颈上部接近瓶口处有四个系。胎质较为粗松，色偏黄。施青白釉，釉色偏青、明显开片。瓶颈下部环绕贴塑12位着圆领宽袍大袖的男性人物，双手持拂尘合于腹前。他们都披头巾、巾上有明显凸起的装饰物，所有人物都留有山羊胡须。12位人物往上的瓶颈部位为满装饰的蟠龙、如意云、龟、蛇、鸡、犬、兔，以及两位仙

4号　　　　　5号

图2

6号　　　　　7号

图3

人，其中一位立于龙身，手握可能藏有仙丹的宝瓶，御龙飞升；另一位正惬意地卧于如意云头上做神游状。

二、馆藏魂瓶产地及年代

南宋时期，由于统治中心南移，南方经济得到显著发展。以景德镇为核心的江西制瓷手工业也发展迅猛。在江西及周边墓葬中，青白瓷堆塑长颈魂瓶得以流行，魂瓶上有日月星辰，仙佛人像，云龙仙鹤，四灵和其他动物的堆塑、贴塑图像。这种魂瓶在江西宋元墓中经常出土，特别是江西中部和东北部地区几乎每墓必出。青白瓷又称影青瓷，指的是釉色介于青白之间，青中泛白、白中透青的一种瓷器，主要在景德镇和受其影响的窑场烧制。青白瓷系主要分布于南方几省，主要有江西浮梁景德镇窑、南丰白舍窑、吉安永和窑，湖北江夏的湖泗窑，广东潮安窑，福建德化窑、泉州碗窑乡窑、同安窑、南安窑等。笔者分析了宋元以景德镇为核心的几个大的青白瓷系窑场产品，又与景德镇陶瓷专家进行了探讨，认为佛山市博物馆的这批魂瓶，与江西省南丰白舍窑及周边的南宋至元代出品的魂瓶极为相似，四组魂瓶与南丰及周边墓葬出土魂瓶基本可以对应，初步认为我馆魂瓶为南宋时期江西南丰白舍窑及周边产品。

白舍窑位于江西省南丰县白舍镇白舍村，亦称"南丰窑"，是宋代江西地区烧造青白瓷为主的重要民间窑场。南丰白舍窑创烧于北宋初年，兴盛于北宋中期，南宋至元一直沿烧，至今已有一千多年历史。古时有"先有白舍窑，后有景德镇"之说。《南丰县志》记载："白舍，宋时置官监造瓷窑，窑数处，望之如山。"可见其还是有相当地位和规模的。产品造型、釉色与景德镇窑大体相似。白舍窑出土的主要是民用瓷，有碗、壶、瓶、杯、碟等器形，其中青白瓷长颈堆塑魂瓶是白舍窑的重要产品之一。佛山市博物馆藏魂瓶除与白舍窑出土青白瓷魂瓶相似以外，也与附近的1986年在江西抚州市临川县行桥乡发掘的乾道元年（1165年）墓中出土的一对魂瓶，1965年江西清江县南宋夫妻合葬墓（女性葬于1211年，男性葬于1226年）中出土的两对魂瓶形制相似，印证了馆藏魂瓶的出产年代，也从侧面证明它们的产地应该在南丰及附近窑场。其中8号魂瓶与1963年江西南昌市出土于元延祐二年（1315年）纪年墓，现藏江西省博物馆的魂瓶对照，除高度略矮外，形制、胎釉都极为相似，可推测8号魂瓶应该是南宋后期的产品。

8号

图4

另外，7号与4号魂瓶的瓶盖和瓶身胎釉存在明显差别，观察其他地方出土魂瓶也存在类似情况，说明宋代魂瓶的制作在规格基本定型的基础上，瓶和盖是分开制作烧造，出售给丧家的时候再随机搭配。

古陶瓷专家程晓中先生研究认为，青白瓷堆塑瓶（魂瓶）的发展经历了一个由简单到复杂、从低矮向细长的变化过程。南宋早期青白瓷堆塑瓶的造型比较简单，一般为盘口、细长颈、椭圆腹、盖上塑立鸟，颈腹间有龙形堆贴，有三个弧形，通高50厘米以下，颈长（堆塑部分）占全器的二分之一[三]。这和我馆的第一、二组魂瓶相似，这类魂瓶与唐代的粮罂瓶有不少相似之处，都于颈部堆塑一条蟠龙。南宋中期以后青白瓷堆塑瓶的瓶体逐渐增高，颈腹的比例大约从1：1逐渐演变为2：1，堆塑内容也逐渐增多，与我馆第三、四组魂瓶情况相似。这些魂瓶颈部贴塑丰富，包括龙、龟、蛇、鸡、犬、兔、仙人、流云等，特别是在颈下部环瓶贴塑12个手执拂尘的道士，与六朝青瓷魂瓶如出一辙。南宋青白瓷堆塑长颈魂瓶与汉代五连罐、三国两晋青瓷堆塑罐、唐至五代青瓷粮罂瓶、五代至北宋青瓷五管瓶，具有明显的历史承袭关系。在魂瓶所反映的信仰因素方面，自汉魏两晋延续发展下来的道教神仙信仰，在佛山市博物馆藏魂瓶上有突出的体现。

三、馆藏魂瓶纹饰及意义

佛山市博物馆藏宋代青白瓷堆塑长颈魂瓶，颈部都有站立的男性或女性道人、龙、太阳及祥云的形象，保留瓶盖的魂瓶在瓶盖顶部都有瑞鸟的形象，另外，部分魂瓶颈部还有龟、蛇、鸡、犬、兔等动物形象和仙人形象，这些形象并非简单作为装饰，而是蕴含着丰富的道教神仙信仰因素。

1. 仪式中的道人

佛山市博物馆藏八件南宋青白瓷魂瓶，在瓶颈下部都环绕器身站立12位神情庄严、服饰隆重、手持拂尘，仪式感极强的男女道人（图5）。笔者认为他们是正在举行引导墓主人升天仪式的道人。在江西青白瓷堆塑魂瓶流布地带，都是道教兴盛的区域。魂瓶上的道人形象立于瓶颈下部接近肩处（寓意海边，5号有清晰的图像指向这一寓意），似乎正在通过道术起到镇守幽冥或迎魂纳灵之功。从他们的服饰看，绝非宋代普通人的日常穿着。在宋代，普通男性日常多上着短褐，下着裤，宋代妇女多上着长窄袖、交领，下着各式长裙。有一种名为褐衣（南方褐衣，楚地从事巫术之人最为流行穿着，也影响到南方其他一些地方）的服装受到道人和士大夫喜爱，褐衣一般用麻或毛织成，其形制不像短褐那样短且窄。据《文献通考》引《太平御览》中《仙公请问经》文，其中有太极真人曰"学道当洁净衣服，备巾褐制度，名曰道之法服也。巾者，冠中之巾也，褐若长据，通冒其外衣。"则知褐衣是宽博之衣，又为道家所服用。这种为道家所用的褐衣和宋代士人常服的襕衫圆领相结合，就是我们见到的馆藏魂瓶中男性道人的着装。这种沉静、典雅、端庄、仪式感极强的服

| 6号上的男性道人 | 5号上的女性道人 |

图5

饰，显示出道人超凡脱俗，追求神仙境界的气质。

有人认为南宋青白瓷堆塑魂瓶上的十二位道人可能是十二时神，即古代相传掌管时辰的神。北魏郦道元《水经注》引《遁甲开山图》云："昆仑山上无外之山，在昆仑东南万二千里，五龙天皇皆出此中，为十二时神也。"《宋史·舆服志》云："十二神舆，赤质，四门旁刻十二辰神，绯绣轮衣，络带。"即使这12位人物并非笔者认为的仪式中的道人，而是十二时神，仍不失为道教神祇，而且十二时辰同样关乎时间与生命，具有浓厚的道教信仰意识。

2. 蟠龙飞升

蟠龙的形象在东晋、唐代和宋早期都曾单独出现于魂瓶上，宋元时期常常和祥云、太阳及其他动物组合在一起，是青白瓷堆塑长颈魂瓶中出现最频繁的重要纹饰。《广雅》载：有鳞曰蛟龙，有翼曰应龙，有角曰虬龙，无角曰螭龙，未升天曰蟠龙。蟠龙蛰伏在地，随时准备伺机升天。佛山市博物馆藏魂瓶中的龙都有祥云为伴，太阳召唤，正是蟠龙飞升的景象。龙是华夏族古老的图腾，传说其能像鱼一样在水中游弋，像鸟一样在天空飞翔，能显能隐，能细能巨，能短能长，上天入海，无所不能。魂瓶上反复出现龙的形象，一种可能是，龙的自由出入天地之间的本领令人向往，并希望借助这样的能力使龙成为逝者进入神仙天界的桥梁。还有一种可能是，龙直接代表人自身。在远古传说中，人祖女娲和伏羲都是人首蛇身（龙的前身），从这个意义上讲，华夏族都是龙的传人，所以龙和人是一体的。龙的飞升实则代表逝者向神仙境界的进发，这一点在8号魂瓶中得到充分反映。这种神仙境界的追求，道教自形成之初便有所反映，并与龙崇拜结下不解之缘。先秦时代的乘龙周洲四海、乘龙升天，以及以龙沟通天人的信仰，都被道教所继承并发扬。1973年，在湖南省长沙市子弹库一号墓出土的《御龙图》，被学界公认为属于葬仪中引导墓主人升天的祈祷性作品，魂瓶中龙图像（还包括仙人乘龙和仙人卧云而游的图像）的信仰及象征意义与其一脉相承（图6）。

图6 1973年湖南省长沙市子弹库一号墓
出土的战国《御龙图》

图7 4号魂瓶器盖上的神山

3. 瑞鸟与神山

青白瓷堆塑魂瓶在宋元墓中一般成对出现，瓶盖上的瑞鸟通常一只昂首展翅、一只俯首欲翔。魂瓶上塑造鸟类，从西汉开始出现，这时人们开始把对亡魂饥饿、孤独和恐惧的担心转向对美好期许的向往。希望通过瑞鸟，使人的灵魂得到飞升，达到神仙境界。在魂瓶的帽形瓶盖上，大多贴塑有意向的神山和祥云。有专家认为其构图立意出于对上古五神山神话的图演。《列子·汤问》载："渤海之东，不知几亿万里，有大壑焉，实惟无底之谷。其下无底，名曰归墟。八纮九野之水，天汉之流，莫不注之，而无增减焉。其中有五山焉：一曰岱舆，二曰员峤，三曰方壶，四曰瀛洲，五曰蓬莱。其山高下周旋三万里，其顶平处九千里，山之中间相去七万里，以为邻居焉。其上台观皆金玉，其下禽兽皆纯缟。珠玕之树皆丛生，华实皆有滋味，食之皆不老不死。所居之人皆先圣之种，一日一夕飞相往来者不可数焉。"馆藏4号魂瓶盖直接塑有神山形象（图7），而1号和7号瓶盖则用祥云分割替代神山仙界。这些魂瓶的构图极有可能是对"五山"神话的仿效：其盖身是海中之山的象征，盖顶展翅欲飞的瑞鸟即为亡灵的化身，在民间信念中，鸟为阳物，它们立在魂瓶神山之巅，具有"仙人无影而全阳也"[四]的隐义。瓶颈神人飞相往来，入地通天，点画出魂瓶的主题：神山仙岛是极乐世界，作为打发亡灵的去处，欲使它们乐而忘返，从而不对生人作祟。海岛仙山与欲翔的瑞鸟正是可以令墓主人到达和安享神仙世界的象征。

4. 太阳与玉璧

人们对太阳的崇拜和祭祀起源于原始社会，汉代开始用阴阳思想来规范日月信仰，日月被奉为阴阳之宗，日位于东方被定位为阳位，而阳位象征神仙的位置。佛山市博物馆藏八件魂瓶上都贴塑有"祥云托日"图像（图8），这不仅反映出道教对日月星辰和"阳"的崇拜，也可能与古老的龙穿越玉璧使灵魂得以飞升的信仰相关。从佛山市博物馆藏3号和5号魂瓶可以见到，这两件魂瓶在龙头上前方高悬的形同太阳的圆形物体，与其他六件魂瓶上太阳的形状不同，呈现出中空的环形玉璧的形状。根据考古资料显示，春秋战国时代的楚墓中常见于木棺挡头装饰玉璧的现象，

| 11号上的祥云托日 | 8号上的祥云托日 |

图8

"将玉璧加饰于棺上，无疑是仿生前居室的一种装饰。从其位置和功能看，极有可能就是供死者灵魂出入的门或窗。"[五]同样，在1972年湖南省长沙市马王堆1号墓出土的西汉彩绘帛画上，我们更可以见到在描绘天、地、人三个世界时，双龙穿越玉璧代表灵魂上升到另一世界的必经路径，玉璧在此起到了天之门户的作用。龙可以助人入天门，乘龙是升仙的方法，而龙穿越玉璧饱含灵魂飞升天界的象征意义，龙穿玉璧极具巫术与信仰的仪式感（图9）。馆藏魂瓶龙与璧（以及其他六件龙与太阳）的关系及象征意义正是春秋战国以及汉墓中揭示的灵魂穿越天门，飞升成仙思想的历史传承，加上此后不断丰富的道教崇"阳"神仙信仰的结合。

5. 祥瑞动物

动物是魂瓶中常见的图像，在佛山市博物馆所藏八件魂瓶中，除上述蟠龙、瑞鸟外，有些魂瓶中还有龟、蛇、鸡、犬、兔等动物，这些动物并非随意放置，它们都是具有巫术、信仰功能与象征意义的祥瑞动物。在八号魂瓶中，太阳正下方位置，有一只前爪攀附于龙身，立身仰望太阳的兔子（图10）。这只兔应该是月亮的象征，这种与太阳对应的图像安排正与"天门……日月所入"的文献记载相吻合；8号与7号魂瓶上都堆塑有鸡

图9 1972年湖南省长沙市马王堆1号墓出土的西汉彩绘帛画

图10　8号魂瓶中的兔与太阳对应出现　　图11　7号上的鸡和犬分别站立在瓶颈两侧

和犬的形象（图11）。家禽鸡犬不仅是定居农业财富的象征，同样有其神秘的意向。每当凌晨，太阳将要从东方喷薄而出时，也正是鸡打鸣之时，基于这种让远古先民无法理解的自然现象，太阳神便与鸡发生了神秘的联系。于是，鸡被赋予"阳"气，以帮助墓主人到达神仙世界。而犬一直在墓葬礼仪中扮演重要角色，充当过镇墓兽的角色。童蒙读物《三字经》中有"犬守夜，鸡司晨"的常识教育，鸡犬常常成对出现于墓葬壁画和魂瓶器物上，可见鸡和犬图像隐含日月轮回、阴阳互换、人神升华之意；8号和6号魂瓶都有龟和蛇的形象。龟和蛇的特点是善于蛰伏在地或潜于水中，道教中龟蛇组合在一起成为灵物——玄武。玄武的本意就是玄冥，武、冥古音是相通的。玄，是黑的意思；冥，就是阴的意思。在宋代其他魂瓶中，龟蛇还和另一些在民间信念中被认为属阴的动物一起出现，代表冥界。六朝魂瓶上常常留有小孔，供墓主人灵魂出入，蛇的图像通常被安排在孔的边上或正在小孔中穿行，说明蛇是灵魂出入的媒介。古人还相信龟蛇可以捍难避害，《周礼·春官·司常》有"龟蛇为旐"的记载，即在旗上描绘龟蛇，认为"龟有甲能扞难，蛇无甲，见人退之，是避害也。"

6. 神仙

神仙信仰是中国本土的信仰，这种信仰早在中国道教产生之前就有了，后来被道教吸收，并划分出神仙、金仙、天仙、地仙、人仙等几个等级。在中国道教道教经典及神话小说描述中，神即为天官，掌管大自然的秩序规律,仙则是由凡人经过长年修炼进化而成，有些是由神赐予法力。要修炼成仙，炼丹并服食丹药是重要的途径。炼丹是道教主要道术之一，为炼制外丹与内丹的统称。外丹术源于先秦神仙方术，是在丹炉中烧炼矿物以制造"仙丹"。馆藏8号魂瓶中手捧丹药瓶，乘龙而仙的形象就是墓主人所追求的境界。《庄子》中描绘，神仙可以入水不濡，入火不热，有遨游太空，与天地同寿等神通，"散而为氼，聚而成形"，天上人间，任意寄居，不受生死的拘束等。8号魂瓶的颈部，塑有"仙人乘龙"和"仙人卧云"图像（图12），正是反映了道教中"去世而仙"的思想，同《庄子》所描述的仙人皮肤如冰雪，"乘云气，御飞龙，以游乎四海之外"一致。《淮南子》、《抱朴子》等早期道家著作对神仙的形象都有过具体描述，他们与人类的形象差异较大，随着仙人形象的变迁，新型仙人到后来无需翅膀即可升空，看上去已经和我们身边的普通人没有什么区别了。8号魂瓶上"仙人乘龙"和"仙人卧云"，是典型的道教神仙信仰图像。

四、结语

关于青白瓷堆塑长颈瓶是道教文化的体现这一论断，古陶瓷专家杨后礼先生在其文章中特别对江西地区出土的青白瓷堆塑瓶的造型以及出土情况进行了分析[六]，认为此类瓶是宋元时期江西道教徒众的特殊随葬品，因为出土堆塑瓶的区域都是道教正乙派活动的中心，特别是1950年在江西贵溪县陈家村发现的道教三十六代天师张宗演墓，墓中出土的堆塑瓶，似乎就更能说明具有道教思想的信徒在丧葬活动中有使用堆塑魂瓶作为明器的习惯。佛山市博物馆藏青白瓷堆塑长颈魂瓶上的道人、龙、日、璧、龟蛇、鸡犬、仙人等形象，应该是江西道教流行地区在墓葬礼仪中，道教神仙信仰的具体反映。

魂瓶在墓葬中一般按男左女右的排序，成对竖排安放在棺材的头部，民间认为一个是魂睡的，一个是魄歇的。人刚去世总是留念人间，挂念亲人，他们的魂魄通常会不自觉地游离于空中，这些无处安放的魂魄对逝者和他（她）的家人都是一种精神折磨，人们希望逝者的灵魂早日得到安息，魂瓶就起到了安放和安慰这些魂魄的作用。初入魂瓶

"仙人乘龙"图像　　　　"仙人卧云"图像

图12

的魂魄最初与海水、龟蛇为伍，处于三界底层的冥界，但是信道之人不管是在生还是去世，升入天界化身仙人才是他们追求的目标。于是，魂瓶上男女道人站在海边，为墓主人祈祷，并通过特定的仪式引导他们从海中（冥界、阴）升到天界。鸡犬代表日月轮回、阴阳互换，象征墓主人可以由冥（阴界）界飞升入仙界（阳界），呼应海边道人们神圣的仪式，与日月（兔）相对或玉璧所象征的天门，正向天门飞升的蟠龙，乘龙和卧云的仙人，一起组成一幅连贯而又宏伟的画卷。最后，墓主人穿越天门，到达魂瓶顶部瑞鸟所象征的阳界（仙界），入住海岛仙山，完成冥界到仙界的升华，到达理想中的神仙境界。这些青白瓷堆塑长颈魂瓶的传统功用和一系列纹饰图像，向我们展现了宋元时期，道教神仙信仰在江西及周边这类魂瓶的使用地区，人们的向往和追求，这些充满象征意义的图像，揭示出这类青白瓷堆塑长颈魂瓶不仅是收魂安魂之器，也是墓主人借以由冥界上升到仙界的工具。

[一]　[宋]高承：《事物纪原》卷九，中华书局，1989年4月版，第478页。

[二]　严可均：《全上古三代秦汉三国六朝文》卷一二七，中华书局，1965年版，第2190页。

[三]　程晓中：《魂瓶漫说》，《收藏家》2001年01期。

[四]　李昉等编：《太平广记》第九册，卷四四五，畜兽十二之孙恪，有"故鬼怪无形而全阴也，仙人无影而全阳也"，中华书局，1986年第三版，第3639页。

[五]　黄凤春：《试论包山2号楚墓饰棺连璧制度》，《考古》2001年第11期。

[六]　杨后礼：《江西宋元纪年墓中出土堆塑长颈瓶研究》，《南方文物》1992年第1期。

论刘传陶塑人物的艺术特色

——以馆藏刘传作品为例

高宇峰　佛山市博物馆

273

佛山石湾窑有着悠久的历史，1977年广东省博物馆与佛山市博物馆对"河宕贝丘遗址"的发掘，证实石湾制陶已经有四千多年的历史[一]，明末清初著名学者屈大均所著《广东新语》更有"石湾瓦，甲天下"的说法。陶塑人物是石湾窑最具地方特色和代表性的品种，人们形象地称之为"石湾公仔"。"石湾公仔"以生动传神、不拘一格为特点，造型惟妙惟肖，釉色浑厚斑斓，既有中国民间雕塑的手法，又受到西洋写实风格的影响，风格朴实自然、豪放洒脱，取得了令世人瞩目的艺术成就。

刘传是现代石湾人物陶塑的一代宗师，其作品具有浓郁的地方特色，深受各界人士、各大博物馆喜爱和珍藏，有评论家评述道："当代人只要提到石湾陶塑，必然会提起刘传；而人们讲到刘传时，也必然会谈到石湾陶塑。"刘传和石湾陶塑，早已合二为一[二]。

佛山市博物馆藏有七件刘传20世纪三四十年代创作的人物作品，主要为观音和罗汉，充分体现了刘传的艺术风格和成就。本文将结合这些馆藏藏品，对刘传陶塑人物的艺术特色做一探讨。

一、刘传生平

刘传（1916～2000年），佛山市石湾人，国家第一批"中国工艺美术大师"，是中国最具影响力的陶塑大师，在石湾陶塑发展史上起着承前启后的作用。

刘传12岁就到"和生记"公仔店做童工、当学徒，历遍练泥印模、拉胚施釉、装窑烧火，慢慢地掌握了制陶的基本技术。为了改变家庭贫寒的困境，刘传决心学习艺术性更高更有市场的陶塑技艺。但在旧社会要去投师就得花很多钱，家穷没办法，只好用"偷师"的办法，同时学习和钻研名家潘玉书的技艺[三]。所谓"偷师"，就是趁老师不注意防备，偷看其陶塑技艺，牢牢地记住每道程序、步骤，回家后就照样做，反复地临摹以提高创作能力。刘传通过持之以恒、坚持不懈的努力，再加上天资聪慧及刻苦勤奋，终于迈进了成功的门槛。

1934年，18岁的刘传凭借作品——陶塑人物《张飞》在艺坛开始崭露头角。20世纪30年代末40年代初是刘传第一个艺术巅峰期，当时所塑造的《降龙罗汉》、《弃官寻母》、《虬髯公和李靖》、《渔歌唱晚》、《耶稣受难像》、《铁拐李》等都成为传世名作，超越了此前的模仿阶段，融合了各家技法，形成了雄健有力、刚柔兼备的刘氏风格。

新中国成立后，刘传的创作热情更加高涨，作品的题材更广泛，思想性和艺术性更高，曾塑造毛泽东浮雕像迎接解放，为中国历史博物馆塑造《屈原》向新中国成立十周年献礼，为人民大会堂广东厅创作陶塑《海瑞》等等；1961年、1979年分别应邀到中央工艺美术学院、香港大学讲学；1988年被国家轻工部授予"中国工艺美术大师"称号。

2000年10月16日刘传因病逝世，留下未竟之作《醉卧景阳冈》，他的艺术生涯长达六十余年，作品逾千件，塑造了许多栩栩如生的人物作品，取得了巨大的成就。

20世纪50年代，在艺术界有"北张南刘"的说法，"北张"即泥人张，"南刘"就是刘传。刘传的作品以人物性格突出、造型洗练、内涵丰富、衣纹潇洒飘逸为艺术特色，具有很高的鉴赏价值和收藏价值。他敢于创新勇于拓展，逐渐形成粗犷豪放的艺术风格[四]。他提出"宜起不宜止、宜藏不宜露"、"丑而不陋，奇而不怪"、"十浊一清，十清一浊"的陶塑创作理论，归纳总结了石湾传统陶塑的精髓在于"传神"，以及如何处理好创作中的"动与静"、"起和止"、"藏和露"的关系。这些理念对石湾陶塑的发展有着深远的影响。刘传曾在广州人民美术社石湾工场教授陶艺创作，以恢复发展石湾陶艺事业。他把自己所有的创作理论和创作技巧，毫无保留全部倾囊教授给了弟子们，培养出庄稼、刘泽棉、廖洪标等几位中国工艺美术大师，为石湾陶塑技艺的薪火相传、后继有人做出了重大贡献。

二、馆藏刘传作品赏析

刘传善于用造型、面部神情的细微刻划来表现人物性格，并通过衣纹皱褶的线条及釉色的处理来烘托人物，使人物神形兼备，栩栩如生。佛山市博物馆所藏七件刘传作品，其时正值刘传艺术创作的青壮年时期，我们从这些作品中可以窥视到刘传陶塑创作的艺术风貌。

青釉长眉罗汉坐像（图版91）

1939年制，宽15.7厘米，高22.6厘米，重2075克，底钤"湾溪陶隐"、"黄炳雲屿"方章。

所塑为十八罗汉之一的钱塘圣恩寺罗汉阿资答尊者。罗汉赤足抱膝坐于蒲团之上，容貌清奇，颧骨、额骨、眉骨高突，长眉自然下垂至胸部，咧开大嘴，一副纵恣狂放之态。罗汉脸部、身体肌肤外露部分用胎体本色突出人体的肌理质感，血脉、筋骨也清晰可见，神情动态被刻画得入木三分，生动诠释了刘传以适度夸张手法建立角色形象及性格，遵循了"丑而不陋、奇而不怪"的创作理论，让人过目难忘。

青釉读书罗汉坐像（图版92）

20世纪抗战期间制，宽22.2厘米，高22厘米，重1950克，底钤"湾溪刘传"方章。

罗汉左腿盘曲，右腿前伸倚石而坐，面容清癯，胡子眉毛花白，左手捻佛珠自然弯曲枕湖石上，右手持书本，正在聚精会神的阅读，神态逼真自然，姿势轻松舒服。僧袍的衣纹长而零乱，就像被山风吹皱了，暗示罗汉虽然在认真看书，但是头脑中浮想联翩，内心波澜起伏，营造了静中有动、动中有静的意境，外观的静与内在的动达到和谐统一。

青釉托钵罗汉像（图1）

1941年制，宽18.7厘米，高23厘米，重2000克，底钤"湾溪刘传"方章。

传说中的托钵罗汉又名迦诺迦跋里堕阇尊者，是一位慈悲、平易近人、托钵化缘的行者。这尊罗汉右舒坐于山石之上，低头专注地凝视着右手上的钵，外露肌肤不施釉，突出人物的肌理质感，骨架关节、皮肤纹理处理真实细致，给人感觉更加有血有肉，采用石湾传统点白釉手法来表现人物的眉毛、胡须，以蓝变釉着色的山石衬托，具有鲜明的石湾窑地方风格，充分展示作者高超的功力。

天蓝釉托钵罗汉坐像（图2）

1942年制，宽20厘米，高30厘米，重2750克，底钤"刘永传制"方章。

罗汉面容清秀，头微倾，双目凝视，左手托钵，右手支于膝上，做沉思状，表情刻划得十分传神，以搓珠填眼法突出眼神，精细刻画罗汉苦苦冥想而又不得真谛苦闷表情，含蓄中见高雅，静穆中见生动。衣纹处理流转自如，折纹叠皱层次分明，富有质感，给人庄重、典雅、古朴的艺术美感。

图1

图2

白釉铁拐李坐像（图版93）

20世纪40年代，宽17.5厘米，高18.5厘米，重1300克，底钤"湾溪刘传"方章。

铁拐李右腿弯曲，左腿盘起，赤足坐于地上，满脸皱纹苦瓜似的脸上，瞪着一双铜铃般的大眼睛直望上天，十分夸张。铁拐李头部硕大，身躯瘦窄，这种不寻常的比例却给人爽朗脱俗的感觉，通过表现其被世俗异化的角色，显露其斩除烦恼、慈悲济世的道法修为，并给人以诙谐戏谑的艺术感受，表现出石湾陶塑粗犷朴拙的艺术风格。

"弃官寻母"像（图版94）

1940年制，宽16厘米，高23.3厘米，重1800克，底钤"南海湾溪刘传"方章。

《弃官寻母》是刘传最重要的代表作，他在"中央美术学院的学术报告"、文章《论传神》中，多次以此为例介绍其创作构思和过程。《弃官寻母》表现的是中国传统题材"二十四孝"的故事，朱寿昌与母亲相见的瞬间，是整个故事的高潮，也是最感人肺腑的情节。作品以朱寿昌突遇老母亲，急忙迎上跌跪于前的刹那作为着墨点，母亲身躯佝偻，白发苍苍，与双膝跪地的儿子相拥在一起。她俯首凝视着久别重逢的儿子，儿子仰头深情地望着母亲，头靠得很近，母亲目光中流露出关切与疼爱，儿子眼中闪烁着喜悦与兴奋。母子亲情感人至深，将历经千辛万苦终于找到亲人的喜悦之情，表现得淋漓尽致。二人的脸部、颈部、手部均不施釉，更好地刻画了人物的表情，放在地上的小包袱，起着画龙点睛的"戏眼"作用。作品造型严谨，精妙传神，是形神兼具的传世名作。

白釉观音坐像（图3）

1946年制，宽54厘米，高75厘米。

观音面相秀美，头顶化佛、挽高髻，双目微合，面容安详，胸垂璎珞，身披天衣，手持净瓶，结跏趺坐于莲台上。人物肌圆骨润，呈现出柔和的线条，施釉匀净，釉色莹润，手法简洁老练，衣纹流畅而富有动感，姿态优雅，极具神韵。

以上作品的创作时代时值日寇入侵，社会动荡，民不聊生，刘传塑造了这组罗汉、观音造像，寄情于物，充分表达作者内心追求安宁、渴求和平的美好愿望。

图3

三、刘传陶塑人物的艺术特色概述

1. 取材生活，朴实自然

石湾陶塑人物就是以陶艺家的手把泥土、火、釉的结合起来，表现出生命的情感，赋予泥塑生命和精神。林明体在《石湾陶塑艺术》一书写道："陶塑人物是石湾艺术陶器在艺术与技艺上的最集中、最本质、最高境界的体现。它有特定的形态和活的思想感情，通过艺人的审美意象和手法加以雕刻塑造，表达某种情意与审美目的"[五]。陶艺大师庄稼也说过："它（石湾陶塑）诞生和成长于民间，为人民的需要而创作，为人民的需要而生产，与人民息息相关，其艺术风格更放、更野、更有个性，更有乡土气息，这就是石湾艺术陶器可贵的人民性。"[六]这句话概括总结了陶艺创作与生活息息相关，它取材于生活，是对生活的反映，是现实生活审美化的升华。陶艺家通过对大自然、社会习俗、历史事件等一切事物细微的体察与认识，不仅描摹了生命，而且表现了生命。

刘传一生创作作品无数，所塑造的人物有三类：屈原、张衡、苏武、孔明、李白、武松、文天祥、李时珍、鲁迅等历史名人；伏虎罗汉、吕洞宾、铁拐李、观世音、孙悟空、钟馗等仙佛人物；"渔、樵、耕、读"等市井人物。这些都是人民群众熟悉和喜爱的题材，有着深厚的群众基础。当我们细心品味这些作品时，没有陌生敬畏、难以理解，感受到的是强烈的人文性和生活气息。刘传的陶塑人物没有色彩的强烈对比，而是素雅质朴，精雕细刻，像一幅淡雅平和的工笔画，充分显示出作者的艺术个性。刘传把他所看到的、所理解的形象，用泥土和釉彩向我们表达，在他的手下，一个个土坯泥塑仿佛都充满着生命的气息和情意，表现得那么自然和质朴，既平淡无华又盎然生意。作者以高超的技巧，把感情、智慧和意志融会到作品的每一根线条、每一次涂抹当中，产生感人肺腑、沁人心脾的艺术魅力。丰满的人物形象，满怀激情的创作，使刘传的陶塑人物充满艺术感染力和生命力，深受广大人民的珍爱。

陶艺家要养成随时随地观察生活的习惯，并且善于总结规律。刘传说过："我随时随地注意观察生活，观察人生百态，有目的地积累创作素材。我常常蹲在街边、庙角、渡头、剧场仔细观察人们的神态。有人说我像一个不开口的看相先生"。刘传晚年喜欢坐在祖庙端肃门的通道旁，静静地看着来来往往的游客，通常一坐就是一上午，这是他多年来养成的习惯。刘传在年轻学艺时临摹名家作品，总是感觉做出来的东西达不到原作者的水平，人物没有神韵。经过多方面的探索，他意识到要创作出一个好的作品，观察生活是最重要的，生活是艺术创作取之不尽的源泉，有了这个源泉才能丰富作品，使作品富有生命力。房龙说过："艺术家，甚至一个出类拔萃的天才，说到底，首先是一个普通的人，只不过他们天生有着敏锐的神经，对周围的一切比他的邻居观察得更加细腻，反映得更加强烈。"[七]在创作《弃官寻母》时，为了更好地表现母亲的形象，刘传就专门去找贫苦的老婆婆进行观察，把她们忧柴忧米受过很多折磨的沧桑形象牢记于心，然后进行提炼加工，塑造了老态龙钟的慈母形象。他的陶塑人物，根植于民间，取材于生活，没有丝毫矫揉造作，质朴无华，古拙典雅、浑厚凝重，以陶土特有的粗犷苍健，塑造朴实人生。

2. 以形传神，神形兼备

石湾陶塑人物因"以形传神"的艺术特色而闻名于世，有别于西方写实的雕刻将人的肌肉质感甚至于皮肤下的血管流动都表现得栩栩如生。石湾陶塑注重表现一种心灵的境界：人、我、自然融为一体的虚幻——神韵。它只能通过人生的境遇，通过艺术的学习去慢慢体悟它并最终感悟出来。邹华认为："石湾陶器的美，首推传神。"[八]张维持也认同这个观点："石湾陶艺创作的可贵之处就在于传神。"[九]刘传在陶塑界具有崇高的地位，最重要的原因就是：他在石湾陶塑人物古雅朴拙、粗犷豪放、雄伟苍劲、浑厚凝重的基础上，进一步奠定了石湾公仔"以形传神、形神兼备"的创作风格，引导陶塑人物创作通过人物形象表达思想感情，形成石湾陶塑人物注重神韵和气魄的特点，使之具有更高的艺术品位和欣赏价值。

刘传塑造的陶塑人物以形象生动传神而著称于世，备受推崇，他的作品善于抓住人物的形象特征，表现人物的精、气、神，讲究由表及里、由形及神、由外到内，然后再取其精华。为了表现出人物的内在精神气质、格调风度，他注意了解所塑人物的历史背景、性格特点以及典型故事情节，一经确定，马上着手创作，一气呵成，兴之所至，还会不自觉地进入角色，扮演起人物对象来，以此揣摩角色，把握人物造型神韵。作品《白釉铁拐李坐像》着力刻画的是铁拐李穷困潦倒的乞丐外形，却丝毫不掩其救济众生的仙气，尤其用了一双瞪大的巨眼，表现出铁拐李悲天悯人、超然物外的气概，手法堪称神奇。刘传的作品正是通过这种具有具有高度的凝聚性和典型化的瞬间定格，十分准确地把握住人物神态和人生境界，以暗示手法全面地、充分地体现深刻内涵和无限外延的意义，独具神韵。

刘传的作品重视面部表情的细微刻画，尤其注重眼神的捕捉。为了更好地反映面部表情，表现脸部特征，他采用比较细腻的手法，眼珠、鼻子、胡须都是用手捏出，因而更加细致剔透，层次更丰富，肌理更明晰。东晋顾恺之云："传神写照，正在阿堵中"。阿堵即指眼睛。就是说传神要靠眼睛，而不是靠人的形体或者动作，眼睛才是灵魂之窗。刘传的作品在表现传神一面可谓殚精竭虑，费尽心思。为了突出《读书罗汉》全神贯注的眼神，他采用石湾传统"搓珠法"塑造眼睛，并且刻意拉近书籍和眼睛的距离，直接引导观众集中注意到重点刻画的面部表情和眼神上来。那旁若无人的神情、目不转睛的钻研精神使人感觉不到那是一位令人尊畏的神仙，而是一位孜孜不倦、活到老学到老的"老学究"。整件作品营造着一种刻苦学习、潜心修炼的氛围，用衣纹线条强调内在情感的抒发，言有尽而意无穷，从形态到内涵无不透露出刘传大师对给陶艺创作"以形传神，神形兼备"的深刻解析，委婉而悠长的深厚意味，深沉的艺术感染力，体现了中国艺术创作的民族特色。

3. 流畅的线条，优美的造型

德国古典哲学的创始人康德认为："线条比色彩更具审美性质"。在中国的传统艺术中，线条的艺术体现着中华民族的审美特征，线条的表现与情感戚戚相关。在中国传统书法上，凡属表示愉快感情的线条，总是一往流利，不作顿挫，转折也是不露圭角的；凡属表现不愉快感情的线条就一往停顿，呈现一种艰涩状态，停顿过甚的就显示焦灼和忧郁感[一〇]。石湾陶塑也借鉴了这种方式用于表达人物情感。

刘传善于使用衣纹线条表现作品，运用线条的曲折变化表现人生经历和情感的轨迹。他总结道："在陶塑人物刻画上，我们大多以线条刻画为主，线条分平、板、直和圆、弯、凸两类，一般说，平、板、直的线条代表刚强、坚硬和安静，圆、弯、凸的线条代表柔和和运动。人物的形象和表情有纯朴和机智、精灵之分。而忠耿、诚实的人物一般采用圆、弯、凸的线条，机智精灵的人物一般采用平、板、直的线条。"[一一]刘传认为，衣纹的表现要符合人物的性格，平卧线条有宁静感，上升的线条表现欢乐，下降的线条显得忧郁，波形线富于变化而更具吸引力。

刘传利用古人多穿宽袍大袖的特征，在衣纹处理上更加讲究，更加变化多端，对衣纹的起伏、阴阳纹理，主、次纹路的处理，均把握得张弛有度，更有意识赋予衣纹性格化，英雄豪杰用粗豪硬朗的线条，仕女用圆滑柔弱的线条。他的作品衣纹异常简练概括、准确流畅，富有动感和韵律美。例如《青釉托钵罗汉像》多采用垂直状长而扁的线条，表现宁静而全神贯注的意象；《铁拐李坐像》多采用深邃、方折的衣纹，刻画出隐藏在铁拐李诙谐戏谑、桀骜不驯的狂放个性下慈悲济世的情怀；《弃官寻母》中母亲的衣纹线条长而硬、深而宽，表现出沧桑的岁月、无尽的思念对老人痛苦的折磨，朱寿昌的衣纹以短浅、波折为主，让人联想到他艰难、曲折的寻亲之路。刘传说："对于有衣服皱褶的结构，一定要从衣褶中准确地显露出它的内格，没有衣褶裸露的体格，更要认真研究。"[一二]就是因为刘传对于线条的探索和追求，人们甚至可以从他的作品的背影辨认出所塑为何人。

造型是美术的基本手段，也是重要特征，如何表达好这瞬间凝结的静态形象，造型的构建极为关键。中国古代佛像程式化的倾向相当普遍，甚至到了陈陈相因、墨守成规的地步。但是在刘传众多以佛像为题材的作品里，却很难发现有雷同的。每一件都是精心布局、呕心沥血的佳作，倾注了作者的满腔热情。从《青釉托钵罗汉坐像》、《天蓝釉托钵罗汉坐像》这两件托钵罗汉的对比中，可以看出刘传在造型塑造上的高超技巧和匠心独运。两件作品虽然题材相同，但是人物的面相、表情、釉色却是大相径庭，青釉罗汉面容苍老，表现的是悟道的专注神情，天蓝釉罗汉年青文静，刻划的是求道的思索神情。造型相似、但着眼点不同，给观众的感觉自然也不一样。

刘传十分善于抓住典型事例创作出经典的造型，在塑造《弃官寻母》时，刘传更是对造型反复推敲，几经易稿：为了突出主题，母亲由坐姿改为站姿；为了紧凑性，夸大了母亲的驼背；为了集中表现面部感情，头部所占比例稍为扩大；为了表现朱寿昌的清官形象，增加了包袱和雨伞作为道具。经过修改后的人物形象更加丰满、更加符合主观要求。我们经常会听到有艺术家抱怨，人物造型很难设计，身体、手脚的摆放很别扭，姿势应该怎样做才算是美等等，但在刘传的作品里，一切都显得那么的轻松自如、理所当然、合乎逻辑，气势和神韵在这里浑然一体，显示出大师高超的驾驭能力。

4. 传承与创新

石湾陶塑人物最早见于澜石汉墓出土"水田附船模型"的六个陶塑小人，明代晚期开始出现以人物为题材的单独人物塑像。早期的陶塑人物造型简单，线条粗放，全身施釉，不重视细节描

279

写，题材狭隘，直至清代道光、咸丰年间，陶塑人物才迎来发展的鼎盛期。随着玩赏风气的盛行，陶塑人物逐渐成为人们案头的摆设品，向观赏性发展，开始重视面部和细节刻画，并吸收了瓦脊公仔面部不施釉的做法以表现人物神态，讲究造型比例，更具有文化内涵，产生了黄炳、陈渭岩、潘玉书等一批陶艺大家。到了刘传这一代更是将陶塑技艺推向成熟的高峰，他继承了石湾传统艺术的创作方法，与时俱进，开拓创新，使石湾陶塑艺术不论是内容、题材还是形式、技法，都有了新的发展。他的作品采取更加夸张的手法来突出人物的性格；讲究"形神兼备"，更加重视人物眼睛的塑制，使其炯炯有神，充满生命的活力；创作的题材更加广泛，除了传统的仙佛道、市井小品外，历史题材、英雄人物、劳动者等等都成为他的创作源泉。刘传丰富的生活经验，乐观积极的人生态度，不懈的追求，刻苦的手艺磨炼，灵敏地把握时代风潮，与时代同步的思想水平，"非奇不传"的创作观念，使得他的作品在独立性、独到性和深刻性方面闻名海内外。

刘传十分崇拜潘玉书，虽然没有正式拜他为师，却以"窥师"的方法学习研究潘玉书的陶塑技艺，在艺术道路上继承潘氏技艺特点，刻苦钻研、兼收并蓄，创造出自己独特地风格。对比潘、刘两人的作品，我们发现他们的风格还是有很大的区别：潘玉书擅长塑造仕女，作品典雅脱俗、富于魅力，代表作《贵妃醉酒》；刘传长于刻画仙佛罗汉、历史人物，题材更广泛，作品特点是潇洒飘逸、含蓄传神，代表作《弃官寻母》、《陆羽品茶》等。再以《弃官寻母》为例，潘玉书和刘传都创作过相同题材的作品，潘玉书的《弃官寻母》创作于20世纪初，是一尊母子相连的整体圆雕，展现了母子相认后的片刻：干瘦的老母亲坐在石上，头俯贴着儿子，皱纹满面的脸上带着悲戚神情，积涌于心的千言万语却一时不知从何说起，只好两手紧紧地抓着儿子，生怕他突然离去。跪在地上的朱寿昌，两眼深情地凝视着母亲，也一时语塞无言。潘玉书以欲扬还抑、内敛含蓄的手法，将母子相见的情景表现得意远情长，无声胜有声。从作品的整体布局看，以虚托实，轻重结合，母子两人的头部和手部作了细腻入微的雕刻；而身体部分则塑造得较为简约洗练，流畅圆润[一三]。刘传在吸收潘玉书作品富于书卷气息、含蓄内秀、线条流畅等长处的同时，加入了自己独到的见解和创新。他的《弃官寻母》更加注重表现内在神韵，胎釉处理更加和谐，主题思想更加明确，运用更加夸张的造型比例，使作品的中心聚焦在面部表情上，把握艺术情节高潮的处理更是妙到毫巅，突显传神特性。

刘传时常勉励青年一代：学习前人，必须跳出他们的窠臼。艺术家的个人天性、生平经历、体验生活的角度和方式、艺术创作的特点，各有不同。艺术家的创作个性愈突出，艺术品的个性愈独特；艺术家的生命个性、创作个性越是饱满突出，作品的内涵可能就越丰富、越深厚。今天的艺人不能用旧笔毫无生气地重复过去，在旧时代，手艺技术一脉相承，代代相传，只有传承没有创新。而艺术最可贵的品质在于创新，保护和传承前人优秀的传统技艺，是创新的根本和基础，创新推动了石湾陶艺的发展。

刘传鼓励他的学生接触生活以创作与时代息息相关的作品，观察日常生活的方方面面，把别人的发现当做自己的发现谈不上艺术的创造，好的作品必须是借传统手法，注入新的内容意境，具有时代新意。新中国成立之后，刘传将创作的眼光更多的投向了普通劳动者，这时期的作品充满了积极向上、振奋激昂的乐观主义精神。他满腔热情地塑造了解放军战士、歌唱家、护士、劳动生产者等形象，人物不再是面黄肌瘦、身体单薄、忧心忡忡的形象，而是喜气洋洋、朝气蓬勃、身体健壮的新形象，这在之前的石湾陶塑作品从来没有过的。

四、结语

刘传是一位多产的艺术家，他善于学习，总结和归纳了一系列陶艺创作理论；推崇生动、直率、自由的民间艺术传统；主张生活是创作的源泉，强调严肃认真的创作态度；他认为学海无涯，活到老学到老；他将毕生的精力投入到石湾陶艺上；他打破民间工艺难登大雅之堂的偏见，是第一个应邀到中国美术最高学府——中央美术学院讲学的民间艺人；他带领石湾陶艺进入最高艺术殿堂。石湾陶艺经过长期的发展，创造了陶瓷艺术史上独树一帜的、体现传统岭南文化特点的陶塑人物艺术，时至今日更呈现出空前兴盛之势，这与刘传大师所付出的努力是分不开的。房龙说过："一个真正的艺术家是能够步入永恒境界的人"，这句话用在对刘传艺术人生总结也是恰如其当的。

［一］　广东省博物馆、佛山市博物馆编：《佛山河宕遗址—1977年冬至1978年夏发掘报告》，广东人民出版社，2006年8月第1版，第143页。

［二］　刘孟涵：《石湾陶艺家丛书——刘传》，岭南美术出版社，2010年10月第1版，第6页。

［三］　同注［二］，第22页。

［四］　《佛山人物志——刘传篇》，方志出版社，2011年8月第1版，第281页。

［五］　林明体：《石湾陶塑艺术》，广东人民出版社，1999年7月第1版，第38页。

［六］　庄稼：《庄稼陶瓷选集》，岭南美术出版社，1998年9月第1版，第155页。

［七］　房龙：《艺术》，北京出版社，2011年1月第1版。

［八］　《石湾艺术陶器》，岭南美术出版社，1987年版7月第1版，37页。

［九］　张维持：《广东石湾陶器》，广东旅游出版社，1991年8月第2版，第101页。

［一〇］　吕凤子：《中国书法研究》，上海人民美术出版社，1978年版，第4页。

［一一］　同注［二］，第69页。

［一二］　同注［二］，第338页。

［一三］　梁力：《三代"石湾公仔"名家不约而同"弃官寻母"》载自网页　http://www.ycwb.com/gb/content/2006-05/05/content_1119397.htm

馆藏康熙麒麟飞凤纹罐鉴赏

夏冬青　佛山市博物馆

清康熙初期，经过明末长期战乱，政治趋于稳定，加上康熙本人励精图治，社会和经济都渐渐恢复繁荣。这也促进了陶瓷生产业的发展，其中青花瓷的制作水准甚至达到了中国青花史上的最高峰。清末《陶雅》有云："雍、乾两朝之青花，盖远不逮康窑，然则青花一类，康青虽不及明青之浓美者，亦可以独步于本朝矣。"[一]这一时期的官窑青花传承自明朝璀璨的青花制作工艺，制作起来不惜人力、成本，制作极为精细，青花瓷釉色鲜亮，甚至青花的用色可以分出层次来，有所谓"墨分五色"、而且胎质细腻、造型古朴、纹饰精美，堪称青花中的精品。

民窑青花，由于它以生产民用实用器皿为目的，往往一个人负责几个工种，导致分工不够细致，这使得某些方面做工就较为粗糙，与官窑青花相比，虽不及官窑精细，但是民窑精品有着自己独特的魅力。民窑青花瓷器不受宫廷束缚，大都是供给普通民众生活所需的日常用具，因而注重经济效益，也具有更鲜活的生命力。由于没有各种规制的束缚，呈现造型多样、题材丰富、风格自由的特点，某种程度上更能反映当时的经济、文化和社会生活。同时，在艺术创造与发展上显示出一种追求理想、个性张扬的生命活力。一些著名文人画家都介入过民窑青花纹饰的绘画。这个时期民窑瓷器的绘图题材，以山水人物花鸟为主，画法自由生动，绘画非常精美，完全摆脱了官窑器图案规格化的束缚，充满清新画意，甚至还有题诗或者题写一些警世名言等，诗书画印相结合，文人色彩浓厚。佛山市博物馆馆藏的这件青花麒麟飞凤纹罐（图版26）就是康熙早期的民窑精品。此罐在胎釉的制作上都稍显粗犷，但是青花纹饰精美、不拘一格，具有鲜明的时代气息。

这件青花罐重3350克，高28.6厘米、口径12.5厘米、最大腹径22.8厘米，其胎体厚重，器形规整，平唇、短颈、丰肩、上腹圆鼓、平底。内外施白釉做底色，口沿一圈酱釉，颈部以青花绘火焰纹，腹部绘丹凤朝阳、芭蕉树和太湖石及一只麒麟。底部不施釉，有刀乔修胎痕迹。此罐造型丰满圆润，青花色彩层次分明，纹饰风格潇洒自然。"丹凤朝阳"比喻贤才赶上好时机，是中国传统吉祥图案之一，寓意完美、吉祥、前途光明。飞凤、麒麟都是传说中的瑞兽，寓意"威凤祥麟"以示天地祥和，这些都是这一时期民窑青花纹饰的常用元素，飞凤双腿伸直，展翅欲飞，给人感觉力量十足，威风八面；而麒麟则呈蹲姿，明显区别于明朝后期的卧姿，给人感觉朝气蓬勃。我们说艺术来源于生活，这也反映了当时整个社会政治稳定、经济蒸蒸日上的现实状况。芭蕉在民间被喻为吉祥富贵，太湖石也是富贵的象征，这二者经常同时出现。多种寓意吉祥富贵的绘图元素组合在一起，却丝毫不显繁冗，画面分布自然而紧促，间或以山石加以修饰，使整个画面看起来栩栩如生。

这种罐在当时应为实用盛放器，可以用来放置茶叶等食品或者其他物品。虽为实用器物，但其纹饰的艺术创作方面却不仅仅为实用，而是不拘泥于形式，大胆创新。朝气蓬勃的丹凤朝阳与威凤祥麟完美融合，麒麟上方的火焰纹又为麒麟增添了威武之感，给人一种即端庄威严又欣欣向荣的感觉；再加上远处若隐若现的山峰，即有远景又有近景，远近结合，相得益彰；同时，芭蕉树和太湖石交相呼应，生趣盎然。给人感觉仿佛正在欣赏一幅绘画作品。

这件青花罐的特别之处在于其罐身以刀刻："南海李南洲藏诗之瓶。南洲，南海佛山人也，著有大榕堂诗草，藏于本山圆美冈，坐亥向巳，穿山丁亥，分金丁亥丁巳，坐室十八向翌十七之原，课用癸丑癸亥壬子甲辰，岁在康熙十二年癸丑十月十六日辰时吉旦。南洲子自志"共八十八字，有如墓志铭。

罐身文字记载了此罐为李南洲藏诗之瓶，李南洲亲自为其做志，志中记录了李南洲著有大榕堂诗草，同时说明了此罐埋葬在圆美冈，"坐亥向巳"指东南向，"穿山丁亥，分金丁亥丁巳，坐室十八向翌十七之原"则是指的具体方位，古代风水学上有所谓"穿山论脉，透地论气"的三合分金之术来确定阴宅的方位，课：指的是下葬的时间，下葬的时间为康熙十二年癸丑（1673年）十月十八日辰时（上午7点到9点），此志作于康熙十二年癸丑十月十六日辰时，吉旦：农历每月初一，在此泛指吉祥的日子。可以看出李南洲对待此藏诗瓶犹如对待逝去的亲友一般郑重，"下葬"时间和方位都经过精心计算，丝毫不打折扣，足见其相当重视。

更加难能可贵的是民国冼宝干《佛山忠义乡志》卷一六《金石三》就有关于此罐比较详细的著录。"南洲佛山人，瓶在石湾圆美冈掘得，石湾多古冢，往往有掘得金钱玉器者，而莫奇于辛酉春，圆美冈发出之瓷瓶。初以为火葬骨灰，及启视则书册外，并无他物。""瓷质古雅，蓝彩光莹，灼然为康熙年代故物。霍子祺生好古之士也，购得此瓶知佛山方乡志，有此雅人雅事，未可湮没。将瓶送局以备艺文金石之采访。"[二]埋藏二百余年，于1921年（辛酉年）出土，此时正值重修《佛山忠义乡志》之机，似乎冥冥之中自有天意。而又有"好古之士"有心促成，终成佳话。我们说文字史料和实物史料相互印证，才能还原历史的真实面貌，这也是历史研究者的理想状况。现在看来这恰恰是以文证物，以物证史"的最好例证。

以文证物，物质才为上品，本地人之物品，且为前所未闻"瘗诗"之文人雅事，历经二百余年而出土于本地，又载入本地地方志，则可称其为本地历史活的见证，更显此罐之珍贵；以物证史，历史才会厚重，此罐前后历经三百余年，几经易主，其本身就是一部历史。现在面对此罐，仿佛面对着一位历经沧桑而看透人间百态的老人，正讲述他的人生经历。再次目睹此物，重览《佛山忠义乡志》之记载，可谓真实、全面、客观，更显佛山前辈修志者的严谨，也更显佛山本地文化传统之厚重。

李南洲是清初南海佛山诗人，住古洛社，其并非史上名人，史书上亦不多见。"李南洲之名于旧志金石门，庞之兑重修灵应祠杂记仅一见，余无所传，观其与庞之兑、梁彝仲诸人避暑园林，联为同志，品概亦可想见。"[三]从罐身所刻文字看，此罐为李南洲作收藏自己的诗稿用，古之文人无不希望自己的作品能传唱于后人，流芳百世。而甘于淡泊名利，将自己的诗稿深埋于地下则正是李南洲异于常人之处。"古有瘗琴未闻瘗诗。南洲子之瘗诗大抵高人逸士，知音不遇之所为。"身份虽平凡，心灵却并不普通。有此品格之雅人行瘗诗之雅事，大有大隐隐于市的真名士风范。

不幸的是，其"大榕堂诗集"已不知所踪。《佛山忠义乡志》记载"询以诗草何在，则谓发掘时土人不知宝贵，抛委沙泥，许以重赏寻回亦卒不可得。想已毁灭矣。"[四]能够保存二百余年，最后却不能为后人一睹其风雅，何其遗憾，是李南洲的不幸，更是佛山本地文化的一大损失。我们没有理由怪罪"土人不知宝贵"，因为对于终日辛勤劳作、养家糊口的"土人"而言，这些诗集对他们来说就是纸张而已，甚至不如普通白纸可以使用，他们更关注的是此罐价值几何，能给他们的生活带来什么样的改变。就像此罐出土于佛山重修乡志之时是天意一样，其诗稿的毁灭或许也是天意的一部分。最终我们只能说一句"显晦何常，爱憎无据，与其互相传赏于数百年后，始邀声价之品题，好古者纵表暴于一时，厌故者终揶揄于末路。反不若兼葭秋水，犹系人以溯洄。不尽之思则为南洲子惜者！安知不转为南洲子幸也。"

查询馆藏档案发现此罐后辗转流落于南海废品站，1957年由筹建中的佛山市博物馆购入并收藏。其完整的经历已不可考，仅仅出土后为好古之人收藏、载入乡志到流落到废品站，这背后我们就不难联想到有国运的沉浮、家道的中落，这些经历可谓历经沧桑、饱尝人间冷暖，某种程度上可以说其遍识世间百态，能完好地保存下来已实属不易。最终归于博物馆馆藏应是其最好的归宿了吧！李南洲之名史上"余无所传"，其诗稿也湮没不可见于后人，而因这件青花罐的流传使得世人知其瘗诗雅事，想来也应该远远出于他意料之外，南洲子有知，也会感到安慰了。

[一] 寂园叟著、杜斌校：《陶雅》，上卷四〇，山东画报出版社。

[二] 冼宝干：民国版《佛山忠义乡志》卷一六《金石三》。

[三] 同注[二]。

[四] 同注[二]。

后 记

　　无论是朴素无华的陶器，还是精美绝伦的瓷器，我们每一次面对，就是一次回首，回首人类的历史，回首民族的历程；就是一次享受，享受美的愉悦和体验，享受油然而生的自豪感。如果说中华陶瓷文化是条滔滔大河，那我们基层博物馆的收藏和研究就是其中一朵朵浪花，它虽小，但却是如此独特，如此绚丽，于承载中华文明这艘巨轮起到不可或缺的作用。此次成书，我们从馆藏二千多件陶瓷藏品中挑选了120件精品，力求体现历史、艺术价值和地方特色，希望这些有代表性的藏品能够在一定程度上反映出我国陶瓷文化的大格局、大主题，呈现佛山市博物馆的收藏特点，彰显佛山地方文化特色。

　　在本书筹备出版过程中，各级领导、有关专家学者都给予了大力支持和热心的指导。佛山市文化广电新闻出版局的徐东涛局长、赵维英副局长、文化遗产科应如军科长十分关注本书的编辑出版工作；广东省文物鉴定站刘成基副站长，谢海山、潘鸣皋两位老师为所选文物做鉴定；我馆馆藏部、包括退休人员在内的各有关部门工作人员，从藏品选择、文字编写、图片拍摄到组织稿件都做了大量细致的工作，付出了辛勤的劳动，在此一并表示衷心的谢忱！

　　还要特别感谢国家文物鉴定委员会委员、国内文物鉴定界泰斗级专家耿宝昌老先生不辞劳苦，不仅为本书作序，还以严谨的治学态度对全书进行了细致的审读；广东省文物考古研究所邱立诚研究员、广东省博物馆冯素阁副研究员、南京博物院霍华研究员和杭州博物馆沈心屿研究员均赐予大作，使本书的学术内涵更为厚重。

　　有人说，书是一扇窗。我们希望本书是一扇通往中华陶瓷百花园之窗，打开它，享受文化的润泽、知识的雨露、艺术的芬芳。由于时间和编写人员能力所限，本书尚存诸多不足，还望专家学者及广大读者提出宝贵的意见或建议，在此表示感谢。

关 宏

2012年10月

摄　　影：刘小放

责任印制：陆　联

责任编辑：李　飚

图书在版编目（ＣＩＰ）数据

佛山市博物馆藏陶瓷／佛山市文化广电新闻出版局
编．－－北京：文物出版社，2012.11
（瑰宝撷英：佛山历史文化研究丛书）
ISBN 978－7－5010－3595－3

Ⅰ．①佛… Ⅱ．①佛… Ⅲ．①古代陶瓷－中国－图
集 Ⅳ．①K876.32

中国版本图书馆CIP数据核字(2012)第249899号

佛山市博物馆藏陶瓷

编　　者　　佛山市文化广电新闻出版局
　　　　　　佛山市博物馆

出版发行　文物出版社
社　　址　北京市东直门内北小街2号楼
网　　址　www.wenwu.com
邮　　箱　web@wenwu.com
制　　版　北京图文天地制版印刷有限公司
印　　刷　北京图文天地制版印刷有限公司
经　　销　新华书店
开　　本　635×965　1/16
印　　张　18.5
版　　次　2012年11月第1版
印　　次　2012年11月第1次印刷
书　　号　ISBN 978－7－5010－3595－3
定　　价　320.00元